子どもとつくる地域《まち》づくり

―― 暮らしの中の子ども学 ――

野本三吉（加藤彰彦）著

学苑社

はじめに

かつて岩波書店編集部は、荒廃する教育の現状を打破するため、三百名を越える識者による『教育をどうする』（一九九七年十月）という画期的な提言集を出版した。今読み直しても考えさせられる内容が多いのだが、ぼくもその中の一人として書かせていただいた。その時の思いはより明確になってきているように思うのだが、ぼくの原点であることは間違いない。

まず、学校の本質について現在の学校教育が子どもたちにとって魅力のないものになってしまったのは、学校での生活が、現実の社会生活や地域での生活と切り離されてしまったことにあると考えてみた。切実な日々の暮らしとつながって経験が蓄積され、新しい発見が拡がっていくという具体的な実感が伴ったものであれば、子どもたちにしても、教師や大人たちにとっても学校教育の魅力は拡大するはずである。

そのためには、学校には生徒と教師以外の地域の人々（高齢者、青年、労働者、障害者、地域住民、外国人など）が自由に出入りし、共に交流することが必要になる。さらに子どもたちも自由に地域に出かけて行くことも認められなければならない。

いわば地域そのものが学校であり、地域社会そのものが巨大な教室になる。教師はこうした経験の現場コーディネーターとして、その経験を再構成、再組織化するためのサポート役になっていくこと。つまり、子どもたちもまた一人の同時代人（当事者）として参加し（さまざまな問題の）解決策を模索することにつながり、学校の魅力は増していくはずである。

このような考え方の延長上に、どのように生きていけばよいのか、どのような社会をつくればよいのかという展望の中で子育ても検討され、大量生産、大量消費といった生活の見直しの中から農業や環境の問い直しが行なわれ、職業に対する見方や希望も変化してくることになる。いわば、こうした学校教育と現実生活、地域とのリアルなつながりによって子どもたちの生活は大きく変化するとぼくは考えていたのである。

この文書を書いてから五年後の二〇〇二年、ぼくは暮らしと子育ての原点を求めて横浜を離れ、沖縄で暮らすことになった。自然と共生する南の島で人々はどのように暮らし子育てをしているのかを知りたかった。しかし、戦後の長い間のアメリカによる占領政策の中で、また一九七二年の日本復帰以来、沖縄は本来の伝統文化を失ない、アメリカ化、日本化、都市化が進んできている。その中で、人間が生きていく上で何が一番大切なものなのかを沖縄の人々は考え、そして実践もしてきていることも知った。そして、暮らしの中にこそ、人間の基本的文化は存在しており、その中で子どももまた育っていくことを確信することになった。戦後六九年目の現在、それぞれの地域における暮らしと文化にしっかりと根を降すことの大切さをハッキリと感ずる。暮らしの中から子ども問題を考えていく重要な転換期にあることを実感している。

なお、第Ⅵ章の「子どもと暮らしの臨床学」は今回、書きおろしたものなので、ここから読んでもらうと全体像が見えると思う。

目次

はじめに　1

第Ⅰ章　地域と生きる子どもたち……5
一　横浜・子どもたちの五十年　5
二　沖縄・子どもたちの戦後　15

第Ⅱ章　戦後の子ども現像について……30
一　野生と自然性をとりもどす――教師からみる子ども像――　30
二　流民的子ども論序説――寄せ場の現状からみる子ども像――　43
三　子ども思想史とノンフィクション――児童文学からみる子ども像――　52

第Ⅲ章　子ども支援へのアプローチ……64
一　悲しみと癒し　64
二　スクールソーシャルワークと社会資源　79
三　福祉の視点からの子どもの援助とチーム援助　96

第Ⅳ章　学びと暮らしの場づくり……105
一　アジール的空間の創造――コミュニティの役割・再発見――　105

二　地域や学校に多種多様な〝学びの場〟をつくりだす　112
三　十四年目の免許状――寄せ場の相互学習――　124
第Ⅴ章　暮らしの中の子ども学……148
一　沖縄の現状と子どもたち　148
二　子どものいる地域《まち》づくりへの夢　178
第Ⅵ章　子どもと暮らしの臨床学……230
一　暮らしから見える子どもたち　230
二　都市に暮らす子どもたち　243
三　子ども相談の現場と子ども臨床　256
四　「子縁社会」の創造に向かって　269
初出一覧　285
おわりに　287
著者紹介　289

装　丁　青江隆一郎
写　真　加藤　晴美
協力者　伊野波信行

第Ⅰ章　地域と生きる子どもたち

一　横浜・子どもたちの五十年

横浜大空襲

横浜における「子どもの五十年史」は、昭和二十年五月二十九日の「横浜大空襲」に始まると、ぼくは考えている。この日、わずか一時間半の爆撃で、市街地の四十二パーセントが被災し、死者四千六百十六人、被災者三十九万人を数えた（有隣堂刊・「横浜近代史総合年表」）。

横浜上空に飛来したＢ29は、五百機余り。崩れ落ち、燃え上がる建物の間を逃げ回った子どもたちにとって、この日のことは忘れることのできない記憶となったはずである。

やがて、広島・長崎への原爆投下により敗戦。八月三十日にはマッカーサー元帥が、横浜のホテルニューグランドに設置された連合国総司令部（GHQ）に着任する。

焼け跡の街に生きる

敗戦後の市民は、みな飢えていた。中でも、家族を失い、家をなくした子どもたちにとって、日々の生活は想像を絶する厳しさであったと思われる。しかし、小さなからだと褐色の肌をしたはだしの子どもたちは、目をクリクリと輝かせ、焼け跡の街でたくましく生きていた。

山や田畑の残っていた横浜の地で、家を失った子どもたちは、柿や栗などの木の実やスイカやトマト・キュウリなどの野菜を食べ、飢えをしのいでいた。そして、空き地や路地、公園で群れながら、夜は土管の中に身を寄せ合って眠った。

五寸クギを列車にひかせて磁石をつくり、鉄くずを集めて売ることや、靴みがき、新聞売りなどで生きのびる術も身につけていった。「浮浪児」と呼ばれ、警察の一斉補導を受けたりしながらも、子どもたちは仲間と助け合い、遊びに興ずることも忘れなかった。

路地裏でベーゴマやビー玉に興じ、米兵からもらったチューインガムをかみながら、缶けりに戯れていたのである。

暗くなるまで遊んだ

東京で被災したぼくらの一家が、現・栄区に戻って来たのは敗戦直後の十月。住居は、傾きかけたバラックだった。便所も風呂も戸外で、風呂は放置されていたドラムカンであった。電灯も引けず、暗くなれば眠るしかなかった。

ぼくが、豊田小学校田谷分校（現・千秀小学校）に入学したのは昭和二十三年。短くなった鉛筆にキャップをはめ、黒い芯（しん）をなめながら、大事に使っていたのを思い出す。

学校が終わると、わんぱく坊主が集まり、鬼ごっこ、隠れんぼで暗くなるまで遊んだ。空き地や原っぱ、寺の境内など遊ぶ場所はたくさんあった。幼児を背中にくくりつけ、子守りをしながら遊んでいる子どもたちも多かった。

川をせきとめ、フナやドジョウを捕まえたり、田んぼでイナゴやエビもとったりした。それらはみな貴重なタンパク源だったのである。

紙芝居「黄金バット」

雑音の混ざったラジオからは「鐘の鳴る丘」や「三太物語」が流れていた。「みどりの丘の赤い屋根」という歌は、当時の子どもたちの愛唱歌でもあった。磯子区出身の天才少女歌手、美空ひばりの歌声もよくラジオから流れていた。

市街地に出ると紙芝居があった。カチッカチッと拍子木が鳴ると胸が高なり、小銭をもらって走ったものである。中でも「黄金バット」は、原色の絵とともに忘れられない。

当時は衛生状態も悪く、シラミに悩まされた。学校ではＤＤＴをふりかけられ、家ではシラミ退治をしたものであった。海人草という駆虫剤もよく飲まされた。苦くていやだったが、翌朝には何匹かの白い回虫が出てきた。

シラクモ頭の子どもたちも多く、鼻汁をそででふきながら、よく遊んでいた。女の子は、ゴムとび、おハジキ、お手玉、つみ草など。男の子は、ベーゴマ、メンコ、クギ打ちなど……。

しかし、何といっても一番熱中していたのは野球であった。川上、大下、藤村、小鶴といった選手にあこがれ、バットをふり回していた。手軽にできる三角ベース、ゴロベースは人気があり、どこでもやることができた。まだ皮製のミットがなく、布製だったが、すぐに破れて中のアンコが出てしまい、何度も縫い直してもらったものである。

白黒テレビに群がる

昭和二十年代から三十年代に移るころ、日本の経済は朝鮮戦争を経て復興し、電気製品の三種の神器といわれた「洗濯機」「掃除機」「冷蔵庫」が登場し始める。

日本にテレビが最初に登場したのは昭和二十八年のことだが、その後の普及は速く、三十三年には百万台、四年後の三十七年には一千万台を突破する勢いであった。

中学校からの帰り道、戸塚区原宿町にあった電器店の白黒テレビに群がり、プロレスや相撲を見たのもこの頃である。力道山やシャープ兄弟、オルテガなどが登場すると、手に汗を握って画面を見つめたものであった。

「カギっ子」の登場

都市部を中心に公団住宅の2DKが登場するのもこの時代である。生産の場とは切り離された消費の場として2DKは構想され、家族の役割も変化してきていた。

女性の社会進出が始まり、共稼ぎの家庭も増えてきた。学校から帰って来た子どもたちは、首から吊るしたカギで家に入り、一人で遊ぶ。いわゆる「カギっ子」もこの時期に生まれた現象である。両親が働いている間、子どもの生活の場として「保育園」や「学童保育」の必要性が主張され、これら施設の増設運動も拡大した。

しかし、要求に十分に応えた政策がとられたとはいえず、子どもたちは家の中で一人でテレビを見ているという光景も一般化してきていたのである。育ち盛りの子どもたちは、あり余ったエネルギーを発散することができず、運動不足から肥満になるという状況も増えてきていた。

こうした時期に、ホッピングやフラフープが流行する。強力なバネに合わせてはねる、腰をふって輪を回すというどちらも簡単にできる運動で、しかも場所をとらなかった。また、子どもたちは、ビニール人形を腕にからませる「ダッコちゃん」にも熱中した。

これら子ども相手の商品は、伊勢佐木町のデパートや、商店街を中心に飛ぶように売れ、子どもたちは消費文化の渦の中にとり込まれていってしまったように見えた。

デモごっこ

テレビの普及によって、子どもたちの生活リズムも、それまでの月単位から週単位へと明確に変化をとげ、それに合わせて少年・少女週刊誌も発行されるようになった。

当時、資本主義社会の中をたくましく生き抜き、金銭にも強く、状況に合わせて適応していくという変わり身の速い子どもたちを「現代っ子」と呼んだ。新しい価値観を身につけた子どもたちが、確かに育ちつつあったのである。

テレビでは、「赤胴鈴之助」や「鉄腕アトム」などが人気を博していた。また、テレビなどマスメディアは、社会の出来事を生のまま茶の間に送り届ける役目も果たしていたのである。

戦後最大の民衆運動になった安保条約阻止のデモ行進（昭和三十五年）も、子どもたちの目に触れることになった。学生たちの激しいデモやシュプレヒコールは、たちまち子どもたちの共感を得て「アンポ反対」のデモごっこが、遊びの中にとり入れられていくという現象も起こってきたのである。

激化する受験戦争

昭和三十九年は東京オリンピックの年。これをきっかけに、経済的には発展を遂げてきた日本だが、四十年代に入ると、交通事故や公害の問題がクローズアップされ、子どもたちにとっても厳しい環境条件になってきた。

それまで路上で行なわれていた縄とびや鬼ごっこができなくなるほどに交通量が増え、排気ガスのため大気は汚染し、小児ぜんそく、アトピー性皮膚炎が増加、光化学スモッグも発生するようになる。

また、小学生から受験への準備が始められ、受験体制、受験戦争が加速する。学校と塾に時間を奪われた子どもたちは、遊ぶ仲間も場所も失ってしまったのである。

受験生の睡眠時間が、四時間なら合格し、五時間だと落ちるという意味の「四当五落」という言葉まで生まれた時代である。人口は一億人を突破し、列島改造論が吹き荒れた。

こうした中で、子どもたちは、テレビに登場する怪獣や「ウルトラマン」「仮面ライダー」などに心ひかれていく。怪獣とは、子どもを抑圧する大人や教師の象徴だったのかもしれない。あるいは、核戦争など将来への漠たる不安を表していたのかもしれない。

いずれにしても、子どもたちはこうした怪獣と向かい合いながら「ヘンシーン」と叫ぶのである。より強いものへと変身したいという子どもたちの願望は「変身ごっこ」として定着していく。やがて、この流れは超能力へのあこがれとなり、「スプーン曲げ」へとつながり、最近のオカルトブームとも重なっていくのである。

「こどもの国」が開園したが……

昭和四十年五月、現・青葉区奈良町に国立「こどもの国」が完成・オープンする。子どもが、広大な自然の中で豊かに育ってほしいという願いをこめて建設されたものだが、子どもたちの日常生活は、ますます厳しいものになってきてしまったような気がする。

昭和五十年、子どもたちはリズミカルな「およげ！たいやきくん」の歌にひかれ、声高に合唱していた。当時、磯子区にある児童相談所の相談員をしていたぼくは、子どもたちが大声で歌っていた、「…学校に行って、勉強していやになっちゃうよ…」とか「…先生とけんかして立たされたのさ…」といった内容の替え歌を覚えている。

戦後民主主義の中心を担ってきた学校が、徐々に子どもにとって管理、抑圧の場になってしまい、不登校やいじめが多発してくるのも、この頃である。子どもたちは、テレビだけでなく、ゲーム&

ウォッチ、ファミコンなど、人間を相手にするのではなく、機械と向かい合うことを求めているようにも思える。

胸の痛む出来事

そんな中で「口さけ女」のうわさが広がってくる。口が耳までさけた女性がマスクをして近づいてくるイメージ。それは、大人社会への拒絶のサインかもしれない。川崎では「金属バット殺人事件」が起こり、横浜の山下公園周辺では「浮浪者殺傷事件」が起こってしまった。

さらに、金沢区内の団地から投身した小学生の事件（昭和六十年）は、精いっぱい生きようとしている子どもにとって、現代がどんなに生き難いものであるかを示したもので、胸の痛む出来事であった。

こうした中で、平成六年「こども権利条約」が批准され、子どもを一人の人格をもった人間として認めることが確認されたのである。

また、学力だけでなく総合的な生活力を育てるために「学校五日制」もスタートした。

自由こそ未来への母胎

どんなに貧しくとも、夢と希望があれば、子どもたちはたくましく育っていく。そのことは、五十年前の貴重な体験が教えてくれている。

そして、何よりも子どもたちは自由を求めている。自由こそ、未来への夢と希望を生み出す母胎である。

路地裏からあふれてくる子どもたちの歓声。

群れて遊ぶ子どもたちの笑顔。

それこそが二十一世紀の、横浜における子どもたちの風景でなければならない。

市民グラフ、よこはま№93（横浜市、一九九五年）

二　沖縄・子どもたちの戦後

(1)　沖縄の暮らしの変化、変質について

二〇〇二年に私は沖縄に来ましたけれど、二〇〇三年の六月に悲しい事件が起こりました。北谷町で中学二年生十三歳の少年が友だちに殺されてしまうという大きな事件でした。しかも墓地に埋められてしまって、一週間発見されませんでした。この後私は現場に何度も行きましたが、道一つ隔ててキャンプ桑江という基地があるんですね。時代の大きな流れの中で起こった事件だなと思いました。

同じ年二〇〇三年六月二十四日に、母親と中学生の娘さんが生活苦で亡くなるということがありました。闇金融に借金をしてその取り立てが酷くて、ノートに苦しい、生きていく望みが無くなったという遺書を書いて無理心中をしたわけです。近所に相談する人もいなかったようで、近隣関係でお互い困ったことや自分の弱みとかを言い出せないようになってきた。相談するところ、相談する人が近くにいない時代に入ってきたと思います。

二〇〇四年に沖縄市で児童虐待死が起こりました。中央児童相談所によると児童虐待による死は

これが初めてとのことで、真向かいの寮に住む男性が、以前から大きな怒鳴り声や物が壊れるような音がして気になっていた、ニュースで児童虐待事件のことを聞くが身近に起こるとは考えられない、と言っているんです。身近に起こっているけれど踏み込めない、どうしたらいいか分からない。お互い声を掛け合ったり支え合ったりすることができない、そういう社会になってしまった。沖縄の社会全体が、人間関係が崩れ始めているというか、家庭の中でも、或いは学校、地域の中でも、子どもたちや親たちがお互いに声を掛け合い支え合っていくということが非常に希薄になってきたと思います。

同じ二〇〇四年に沖縄国際大学にヘリが落ちました。大変ショックを受けて私も現場へ行かせて頂きましたけれど、ヘリコプターって二十五メートルの大きさですが、二十五メートルプールが一つドーンと落ちた感じなんですね。落ちた後、すぐ隣の普天間基地から兵士が百人ぐらい来て、一週間位黄色のテープを張ってありました。中に入れなかったわけです。宜野湾市長も役所も警察官も入れない。調査ができない。完全に非公開になっていました。沖縄は自分たちの地域であるにも関わらず、或いは自分たちの文化であるにも関わらず、戦後一貫してある意味植民地のようになっている、占有されていると感じました。そしてそれは子どもたちの生活、親たちの生活と切り離せない問題です。

米軍の騒音、飛行場の騒音ですが、七十デシベルが不快感を表す数値ですけれど、電車が通るときのガード下と同じ百デシベルの騒音が嘉手納周辺や普天間でおこっています。アメリカ兵が女性に暴力を加える事件が日常的にありますが、沖縄で暮らしていると、米軍基地とか戦争というもの、人を殺すことだとか、物を壊すとか、破壊するとか、そういうものが日常の中にある。それが生活の中に積み重ねられ蓄積されてくることは絶対あると思います。騒音がずっと鳴り響いていて、出産する時に未熟児が生まれたり、聴覚障害となったり、そういう子どもが出てくるだろうと思います。つまり、子どもたちは生活環境で育ちますのでこれを丁寧にみなければいけないと非常に強く思っています。

(2)　ひとり親家庭とセーフティーネットの現実

家庭崩壊の典型が、ひとり親家庭、母子家庭ですね。そこに大きな問題がたくさんあると思っています。「児童扶養手当の削減、窮迫生活に追い打ち」という見出しで載っている新聞記事ですけど、非常に典型的でよく分かると思ってちょっと紹介します。二年前に離婚したシングルマザーの、仮名ですが上原さんという方が、五歳の男の子と三歳の女の子を育てていたんですね。派遣社員で二年前に離婚。午前九時から五時半まで六日間働いて月給十二万円です。子どもがちょっと病気で休むとどんどん減額されていきます。十万円を割ることもある。収入は他に月額四万六千七百二十円の児童扶養手当、一万円の児童手当があって、総額十七万円程の収入です。支出はというと、部屋代が四万円、食費は二万円位に抑え、光熱費や携帯電話代が二万円前後、医療保険や長男の学資保険が二万七千円位、国民健康保険が年間二万三千五百円ぐらいです。国民年金は払えない。ほかに生活用品で雑費がかかり、残ったお金は夫が残した借金返済に充てる。子どもが小学校に上がる時、塾に出すお金は無い、このような状況です。保育園に入れたくても学童保育に入れたくてもみんなお金がかかる。なかなか生活がうまくいかない。この状況で児童扶養手当が二〇〇八年から打ち切られまして、五年間で全部なくなってしまうんです。子育てをする経済的な基盤がものすごい勢いで崩れていくということが起こっています。

二〇〇三年度で以前のものですが、五年ごとに県が行なっている母子世帯の調査を見ますと、大体三割の方が月収十万円未満です。六割以上七割ぐらいの人が十五万円未満です。八割以上の人は生活が苦しいと言っています。しかも仕事の形態はパート、臨時が圧倒的で五割を超えている状況です。ですから、子どもを育てていく環境としては、個人個人バラバラになってきている。その背景を一歩踏み込んでみると、典型的にひとり親家庭。母子家庭、父子家庭の方たち。その子どもたちを健全に育てていくことを応援したいと思っていますが、なかなかそれが実現しないですね。例えば義務教育費ですが憲法の中では無償とすると書かれています。単純に読めば全部無償のはずですけれども、これは戦後すぐの教育基本法の改正の議論の中で、本来はすべて無償にしたかったんだけども、日本経済が非常に厳しい状況なので授業料だけを無料にする、こういう結論を国が出したんですね。それが現在までずっと続いているんです。経済がよくなったらいろいろ補償しましょう、修学旅行代とか給食費、学用品など出せるようにしましょう、ということだったんですがうまくいっていないですね。給食費は現在も払うわけで、さっきのお母さんの例で考えると、給食費は物価があがって今は大体四千三百円~五千円は払わなきゃいけません。そうすると年間五万円位です。児童扶養手当が一人五千円、年間だと六万円ですから、児童扶養手当は給食費だけに消えてしまう。学用品やその他に使えない。経済的に非常に厳しいわけです。

就学援助ですが、これは経済的に就学困難な子どもの保護者を何とか応援しましょう、申請すれば学用品などのお金を出しましょうというもので、沖縄県では二万人を越える人たちが申請をしております。ところがこの予算は二〇〇五年から削減になって、市町村がお金を払うことになるわけです。市町村に予算がないとどんどん削減して非常に厳しいことになっています。学用品が買えない、修学旅行に行けない、給食費が払えないという子どもたちを援助するお金が沖縄県は今非常に苦しくなっている状況です。

本日の新聞に、生活保護受給者が十七%を超えて十八%近くになり、約二割の方が生活保護を受けている状況という記事が載っていました。二万五千人を越えているわけですが、このような厳しい状況の中で子どもを育てていくということが果たしてできるのか。子どもたちを育てる為に各家庭が頑張りなさいと国は言うと思うんですけれども、頑張り様が無いところに追い込まれている状況だと思います。ほんの一例ではありますが、追いつめられた人が自殺や無理心中をしてしまう、あるいは親が子どもを虐待して死なせてしまう。いい訳ではないですがそこまで追い込まれる。でもそれを支える、サポートすることが見えてこない。こういう状況だから子ども同士が人間関係を作っていくのができないで、お互いにいじめ合い、喧嘩をしてしまう、死まで至ると思うんです。

セーフティーネットというのがあります。日本国憲法を含めて、基本的な人権、みんなで生きていくことを支えていく、どんな人でも最低限文化的な生活ができることを補償するというものです。セーフティーネットの一番基本にあるのは完全雇用です。全員が仕事に就くことを国が目指したんです。しかし今、完全失業率八％を越えて、沖縄県は十数％です。仕事に就くことができない人、病気の人、リストラなどで失業した人、仕事が無い人がいる。そうすると二番目のセーフティーネットは社会保険です。社会保険という制度は自分でリスクを負うために自分で払えばいいわけです。だから、失業保険を払う、医療保険、防災保険、或いは年金、介護保険を払う。自分で払っていないと駄目です。でも、完全雇用から落ちた人は保険も払えない。そうすると最後に残っているのは公的扶助です。公的扶助は今でいう生活保護ですね。仕事に就けない、病気になった、障害をもったという人等を最後に支えるものです。今、日本は二十四％〜三十％ぐらいの貧困率だと国際的に言われています。しかし生活保護レベルの人の内、実際に生活保護を受けている人は十六・八％です。二割しか生活保護を受けることができない。残り八割の人は生活が苦しいのに生活保護を受けていません。知らないこともありますし、知っていても恥ずかしくて行くことができない、面接に行ったけどそこまで言われるのはいやだとあきらめる。給料が十二万円未満で一生懸命働いている方が圧倒的に多いのに、特に沖縄の皆さんはなかなか言わないというか、苦しいことを我慢して一生懸命頑張るということがある。生活は非常に苦しいけれど就学援助を受けようと学校の先生に言うのが申し訳ない、恥ずかしいということでなかなか言えない。ですからセーフティーネットというのはある意味本当にはできていない。そこで、この方式そのもの、社会保障制度というものを充実しようという考え方が当然あるわけです。

今ベーシック・インカム（basic income／所得保障制度）という考え方が増えています。いろいろ本も出ていますが、光文社から出ている同志社大学の山森亮さんが書いた「ベーシック・インカム入門」という本は非常に分かりやすくて学生にも勧めています。社会賃金あるいは社会資金を、国民全員に保障しましょうということです。賃金をもらう仕事を労働といいますが、今の社会は賃金がもらえないのは仕事ではないんですね。単純にいうと、家で奥さんがご飯を作り、掃除・洗濯をし、一生懸命働いていますが、このお金は入ってこない。旦那さんが給料をもらっていることを前提としてですが、子育てを一生懸命やるけれどお金は入ってこない。お年寄りも無い。地域で川の水をきれいにしたり、植物を植えたり、環境を守ることをしてもボランティアとしか見ない、仕事として認められていないんです。シャドーワーク（shadow work／家事労働などのように、報酬の支払われない労働）です。子どもを育てるという仕事は個人的なことで仕事ではない。お年寄りが川をキレイにしていることも個人的なことで仕事ではない、家族を支えていくということは個人的なことで仕事ではない、環境を守るということも個人的なことで仕事ではない。ベーシック・インカムとは、全てみんな仕事をしているのではないかとみる考え方です。生きていることそのものが既に仕事、ということです。その人が生きていれば、誰かが「助けて」と言えば、助けてあげたいと動き出しますよね。生きていることで、いろんなところで役立つことをして、それを〝仕事〟と考えていいわけですよね。

そして基本的な生活費、生きていくお金は全員に出すという考えで、お金をもっていようとなかろうと、例えばですが生涯にわたって大人は一人十万円以内、子どもは生まれてから大学生の十八歳ぐらいまで七万円を出す。そういう考え方です。この財源、予算的な裏付けも全部計算されていて、できるということです。賃金のある仕事をすると、そこから課税されます。例えば先程のお母さんで言いますと、お母さんは一人で生きているだけで十万円、子ども二人いるので十四万円、合計二十四万円入るんです。それ以外に仕事に就くと例えば十万円入ると三十四万円です。仕事をした十万円には税金がかかりますけど、それ以外は税金がかからない、こういうような考え方でこれを全体で行なう。

しかしこれを今すぐやろうとしたって価値観が違っているので難しい。つまり、子どもを育てるということ自体、私たちは自分の子どものことだけを考えている。こういう考え方を変えないといけないわけです。沖縄に住んでいる子どもたちみんなのことをみんなが心配する、心配して誰かが誰かを支えるということ。つまり、子育てという仕事を全員がするという、そのためにそのお金が下りると考えてもよいということです。子どもたちが成長していく為に必要なことにそのお金を使っていく。そういうことですけれど、これはいっきにいかないと思います。でも最低限でもいいから児童手当、つまり子どもが生まれた方全員ですね、七万円といわないでも全ての子どもたちが大人になるまで毎月五万円を最低限出すということを、全ての人たちが主張することによって子どもたちの最低限のレベルを補償していく。私はこれを提言してみたいと思います。経済のことだけいうとそういう考え方が一つあるということです。

(3) 沖縄の子どもと暮らし

沖縄の子どもたちはいったいどういう状況にあるか、これを短い時間ですので端折ってお話しますけど、「百の指標から見た沖縄県の姿」というのがあります。まず出生数ですけどこれはもう日本一、沖縄県が一番高い。合計特殊出生率も高い。それから年少人口割合、離婚率も高い。幼稚園の就園率もダントツに高いです。ただ、高校卒業、大学卒業した人たちが仕事に就かないのもトップ、完全失業率もトップなんですが。それから下位では、県民所得が本土平均と比べますと百万円ほど低いです。百万円違うと月に直すと約十万円違うということです。

沖縄のことを感覚だけでなくちゃんとつかめないかと思って、武蔵野大学の統計学の先生で舞田敏彦さんという方が出した「四十七都道府県の子どもたち」という分厚い研究資料を紹介します。これは、ある一定の指標を設けて子どもたちの環境を全県調べたものです。指標は子どもたち自身のこと、それから子どもたちが育っていく環境の二つに分けて調査しています。まず発育の指標ですが、沖縄の子どもたちの近視出現率は非常に高く、小、中学生の十四・九七％となっていて全国第三位です。近視出現率は十一歳、小学校高学年ぐらいから一気に増えます。それから、非行が鋭利に突出していて非行出現率八・八五％で全国第三位です。大体二〇〇二年～二〇〇三年位から突出しています。子どもたちの実態をレーダーチャートにしてあるんですが、発育状況として、a1：死亡、a2：肥満、a3：近視があります。発育状況で、特に死亡についてですが、十万人の子どもたち五歳から十四歳の死亡率は全国で十七位となっています。それから能力について、b1：学力、b2：体力、b3：道徳がありますが、学力と道徳は四十七位で最下位です。逸脱行動として、c1：非行、c2：いじめ、c3：不登校がありまして、まず非行ですが、小・中学生の非行者出現率が三位と高いです。それからいじめは三十五位、不登校三十五位で、これは非社会的な逸脱と反社会的な逸脱ですね。全体的にみると近眼と非行がダントツに多いですね。それから学力、道徳、体力が非常に低い。道徳については、挨拶していますか、人の気持ちが理解できる人間になりたいですか、という質問なんですが、なりたくない、挨拶しないという結果です。正直といえば正直ですけど、統計を取ればこうなるんですね。不登校やいじめはそれほど低くはない。この中から言えることは、近視、非行、学力、道徳、体力。これが大きな課題だと思います。次に環境の指標ですが、家庭環境について、a1：世帯人員、a2：非援助、a3：家族連帯とあって、家族連帯が最下位の四十七位なんです。家族一緒に夕食を食べていますか、朝ご飯を食べてますか、会話をしていますか、手伝いをしていますか、という項目なんですがこれが一番悪いですね。それから学校環境について、b1：教員数、b2：相談員数、b3：学校充実がありますが、学校充実は四十六位です。学校が充実してないとはどういうことか。学校は楽しいですか、面白くない。授業好きですか、好きじゃない。友だちと会うのは楽しいですか、楽しくない。楽しい活動は学校にはあんまり無い。それで四十六位です。続いて地域社会について、c1：長期居住、c2：職住一致、c3：地域連帯がありますが、長期居住のところ、二十年以上ここに住んでいますか、愛着ありますか、については四十七位なんです。つまり、長く住むのではなく転々としている人が多い。それから、職住一致、両親働いている、は四十位です。地域連帯、一緒に行事に参加していますか、地域は好きですか、地域の自然や歴史に関心がありますか、これは四十四位。つまり地域については非常に低いです。まず家族連帯、これがいつの間にか沖縄は低くなっている。家の手伝いもあまりしなくなっているし、朝も集中していない。学校充実の項目では、楽しくない、通学拒否。地域連帯も低い。こういう分析からするとこれが沖縄の状況なんです。沖縄を地区ごとに分けるともっといろいろ見えてくるだろうと思いますので、少し時間を掛けて沖縄のことを本気で考えて、四十一市町村全部に同じような質問をすると、問題点や解決方法が少し見えてくる気がします。そういう分析がまだできていないですね。

さて、沖縄県の特質について少年の飲酒があります。飲酒によって補導された少年の補導数について新聞に掲載されていたんですが、沖縄県は百人当たりの補導が全国平均の九・七倍です。二位以下を大きく引き離して圧倒的に子どもたちが飲酒をしています。何故お酒を飲むのか。男の子も女の子も圧倒的に。一体何なのか。これも分析をしなきゃいけないと思っています。それから、不登校の子ども。不登校の子どもたちのうち、遊び・非行が原因は三十八・五％で、全国平均の約四倍もあります。これら子どもたちは活動的なんですね。この記事が載るときに、遊び、非行、不登校について私はインタビューを求められまして、こう答えました。遊び型非行については親や家庭だけの責任ではないと思っています。家庭環境がどんな状況か考えますと、必ず、母親がアルバイトやパートで働いています。親がいない。社会全体に将来の展望がないので、学校で学ぶことに魅力がもてないことが背景にあると思います。子どもは自分たちが主人公になる場を求めています。そういう子どもたちは、期待され、やれることが地域の中でも家庭の中でもなくなってしまった。家庭、学校を含めた地域がどれだけ子どもたちに期待をして役割をもたせられるかが鍵になると思います。那覇市ではエイサーや旗頭の運動、餅つき大会などを始めて、子どもたちが実に地域の方たちと生き生きとやっています。何がいいか分かりませんけれど、子どもたちが中心になってやれる仕事をつくり出す。そしてそれは将来の沖縄のためにもなる、自分たちの生活にも繋がっていくという、そういう風に見ていかないと、また作っていかないと、根本的には沖縄の中で子どもたちは生き生きできないだろうと感じています。

(4) 沖縄子ども研究会の発足

私は沖縄中の離島を回ってきましたが、離島にも素晴らしい所がたくさんあります。今日もこの学会で島民の健診の話しが出ましたけど、予防措置をする場合、お金を払ってやりなさいということではなかなかできない。やはりこれは公費できちんとやれるようでないと難しいと思います。こういうことは一人の力ではなかなかできない状況だと思うんです。南大東島では、村全体で学ぶところが無かったんです。北大東もですね。村営で先生を募集しまして夫婦の先生が子どもたちを教えています。そういうことが村中にたくさんあってですね、お互いが知り合っていて、あそこでこんなことやっているとか、今日の発表にありましたように、地域の中で巡回相談をやっていることなど、そういうことを繋ぐ必要があると思いましてね、児童虐待や深夜徘徊、いじめなどの児童問題が深刻化する中、沖縄の子どもたちを取り巻く環境を総合的に研究し、問題改善に繋げようと沖縄子ども研究会を発足させました。「子どもに関わる各種団体や個人が横断的に連携する県内初の組織」と新聞でも報道されました。まだまだそんなところまでいっていません。とにかく「厳しい経済状況の中、地縁、血縁だけでなく新たな共同体意識を作り子育てをしていくことが大切」だということで始めることにしました。ようやく二年が終わったところです。今は子どもたちの実態をできる限り正確に、事実を明らかにしたいと思って「子ども白書」を作っています。去年の十月に始めて編集会議は進んでいるわけですけれど、白書の基本方針は、沖縄に暮らす子どもの人権保障を原則とし、子どもの権利条約と児童憲章を基本理念としています。先程言いましたように、子どもたち全員に最低限の補償をするため、沖縄には最低五万円の児童手当を出すべきだという提言を盛り込みたいと思います。それから、白書の基本方針として沖縄独自の暮らしと文化を尊重することをあげています。沖縄は、皆さんご存知だと思いますけど親子とかきょうだいとか夫婦という言葉と並んで、「ファーカンダ」という言葉がありますね。ファーは葉っぱ、カンダは蔓のことで、おじいおばぁと孫は葉と蔓のようにワンセットということです。おじいおばぁはいつでも付き合ってくれる。子どもたちは皆おじいおばぁが大好きなんです。子育てについて地域のお年寄りにうんと活動してもらいたい、そう思っています。

明日ですが、十七日に子どもを守る文化会議沖縄集会の第一回実行委員会を開催します。二〇一〇年三月二十日から二十二日まで、沖縄大学を会場にして、全国の皆さんに集って頂いて、沖縄の総合的な子どもたちの問題、日本の総合的な子どもたちの問題について話し合うんですが、その実行委員会を明日立ち上げます。もし関心がありましたら、来て頂きたいと思います。

それから、沖縄子ども白書の中身がようやく決まりまして、ボーダーインクという会社が協力して下さって、ある意味自費出版みたいな形で、三月に完成する予定です。会議が終わりましたら大体決まりますが、いろいろな方に書いてもらっています。こっちから無理にお願いをすることはしないようにしておきまして、「データから見る沖縄の子どもたち」という章も考えていて、問題点をいろいろ教えて頂きたいと思っています。

私自身、沖縄でもう一回、人間の原点ですね、本当に人間が生きるために一番重要なことは何かということを考えたくて来ました。人間に一番重要なことはおいしい水と空気と自然があることですね。そして何よりも子どもたちが元気よく育っていること。これがないと進まない。こんな厳しい状況の中で沖縄は子どもをちゃんと産んでいるんです。十代の子どもたちが未婚で子ども産んでいるということもありますが、子どもたちは私たちにとって大事な後継者なんです。ですから、子どもたちを大事に育てていくということをしないといけないし、厳しい状況ですけど、子どもを産むということを期待をしている。子どもたちを非行に走らせたり、病気にするなんて、させちゃいけないことです。だから、子どもたちを支えていくことに沖縄の人は全面的に頑張る。そのことは沖縄がスタート地点になって、日本にも発信していく、或いは世界に向っても発信していくということですね。その可能性は充分あると思っています。私は今、この問題に全力で関わりたい。そして沖縄の方たちがそういうことを始めていけるところまで、一緒にやれたら本望かなという風に思っています。この研究会にも関心をもって頂ければありがたいと思っています。私たちにとって、子どもの成長は、地域の未来と希望のもととなっています。そのために、皆さんと力を合わせ、智恵を出し合って、子どもの生活環境をよいものにしていきましょう。

沖縄の小児保健、№37（沖縄小児保険協会、二〇一〇年講演）

第Ⅱ章　戦後の子ども現像について

一　野生と自然性をとりもどす——教師からみる子ども像——

ぼくがまだ、小学生だった頃、「夏休み」といえば、すぐに東京のおばあちゃんの家に行くということとつながっていました。

おばあちゃんの家は、荒川の近くで、いわゆる下町で、実にゴミゴミした家並と、入りくんだ露地があり、その間を、たくさんの子どもたちが走りまわっているという状態でした。自然環境ということでいえば、その頃、ぼくたち親子が住んでいたのは田舎で、まわりは「山」や「田んぼ」ばかりということで、空気はいいし、恵まれてはいたのですが、「夏休み」になると、どうしても、ぼくは家を離れ、学校の友だちとも離れて、この東京のおばあちゃんの家へ飛んで行ってしまうのでした。

おばあちゃんの家は、メリヤス屋で、朝早くから、手動式の織り物機械が、ギイコイ、ギイコイと音をたて、定期便の大型トラックが前の道路を走ると、まるで地震のように家が揺れるのでした。また、朝早く、「えー、笹やさお竹」と青竹を売って歩くおじさんの声や、「あっさりいー、しんじみいー」と、貝を売る行商の少年の声が聞こえ、この騒々しい朝のざわめきを布団の中で聞くのが、ぼくは好きでした。

外に出ると、渋い声をはりあげて紙芝居やさんがやって来て、大鼓をドンドンならし、水飴や薄いセンベを売りながら、「黄金バット」や「ミスタートモちゃん」といった題名の紙芝居をやってくれるのでした。

この紙芝居やさんは、一日に二人のちがった人が来てやってくれたので、四つぐらいの物語の筋を覚えていなければなりませんでしたが、なかでも楽しみだったのはクイズがあることでした。たいていは謎ときで、「上は大水、下は大火事なーんだ」といった類のものであって、それがとけた子には、おセンベ十枚という賞品が与えられるのでした。

そのクイズに当たりたくて、一生懸命に考え、分かった時のうれしさは、とうてい学校で答えが分かった時のものには比べられないものでした。

友だちも実に変った子がいました。「不凡（ふぼん）」ちゃんという男の子が、ぼくより一つ上の年だったのですが、その一帯のボスで、ぼくは、不凡ちゃんとよく遊んだものでした。不凡ちゃんは背が高くて、走るのが速く、たいていは、「ボカンスイライ」をやって、不凡ちゃんのいる組の方が勝つのですが、それでも「ボカンスイライ」はよくやりました。不凡ちゃんのきょうだいは、みんな変った名前で、上の兄さんは「二六（にろく）」さん、下の弟は、「今日（きょう）」ちゃんと言いました。おとうさんは、学者らしいのですが、詳しいことは分かりませんでした。

また、この一帯には貧しい人々が多く、アパートも四畳半二間の小さいもので、暗くボロボロでしたが、そこにも、たくさんの子どもが住んでいて、その子たちとも遊びました。その中で一人、女の子なのに丸顔主にしていて、男の子と同じ格好をしている子がいて、ぼくは、はじめ気味悪がって近よらなかったのですが、いつのまにか、すっかり仲良しになってしまいました。

かくれんぼをするにも、入り組んだ露地やゴミの山が、実によい隠れ場所を提供してくれて、暗くなるまで見つからないまま終わることもよくありました。

また、荒川で行なわれる花火大会には、夜おそくまで友だちと出かけ、電気あめをほうばりながら帰ってくるのでした。

いわば、ばくの小学生時代にとって、「夏休み」と、この下町の少年少女群との交友はきってもきれない関係にあるのです。

もちろん、子どもにとって、圧倒的に多くの時間は「学校」と「家庭」で過ごすわけなのですが、しかし、わずかの間、そこから離れて異なった空間と生活を自分のものとすることが、実に貴重な人生体験になりうるということは重要なことだと思うのです。

現在、ぼくは横浜の簡易宿泊所（ドヤ）街で、子どもたちの世話をしているのですが、こうした所で福祉の仕事をしているのも、ひょっとすると小さい頃の体験があったからではないか、と思ったりもするのです。

「子ども」とは、本来、一人ではないのです。それならば「子」でよいのだし、「子ども」として存在するかぎり、それは必らず複数ですし、単数ではなく、複数で存在することが、「子ども」の真の姿でもあるのです。

しかも、その「子」一人ひとりは、多様であり異なった性格や気質や行動様式をもっていればいるほどいいのです。そうであれば、そこに存在する「子ども（集団）」は、実に生き生きした生命力をもちえるのです。

「夏休み」のことを考えると、ぼくには、どうしても、こうした子ども集団のことを思い浮かべないわけにはいかないのです。

「夏休み」の存在価値を思想的にまとめるとすれば、一つは、現在の「学校」では落としてしまっている子ども集団の原理、子の成長の原理を補なうということだと思うのです。「学校」という存在は、いわば、今まで人類が導いてきた「文化遺産」を子どもに伝えよう、伝承しようということなのですから、そこではどうしても、能率的に、しかも画一的に理解してもらわねばならないということになるのです。つまり、あくまで「教え込まれる」ことが中心なわけです。したがって、能力や年齢も同じレベルで統一されているわけなのです。しかし、実際の子どもの生活というのは、学校教育の価値体系や生活体系とはちがっているのです。ここでは、能力や年齢のちがっていることは、はじめから認められた上で集団が出来上ってゆきます。

したがって、能力のある子、年の上の子はそれにふさわしく行動してゆきます。

教師だけが「教える存在」である「学校」とは異なり、知っている子が知らない子に教えるということが、何の不自然さもなく行なわれているのです。

こうした「子ども集団」が、本来的な姿としてよみがえってくるのが、「夏休み」の意味なのかもしれません。

ぼくが少年の頃、一人で東京のおばあちゃんの所に行ったのも、一つには、この「子ども集団」への吸引力があったのかもしれないのです。しかも、「親」と離れ、自分一人で異なった生活空間へ出掛けて行ったということは、意外と大きな意味をもつものなのかもしれないのです。

ここでは、ぼくの体験の中から、いくつかの「夏休み」の過ごし方の例をあげて、その意味を考えてみたいと思うのです。

ぼくの体験といっても、ぼくには、小学校教師の体験が五年間、それに日本の土着共同体放浪が三年間、それにドヤ街での児童（生活）相談員の生活が三年間というところで、あまり豊かなものではないのですが、典型的なものにはめぐりあってきているという気がするのです。

これは、教師時代のことなのですが、「夏休み」の十数日をかけて、子どもたちが「山小屋」建設をはじめ、ぼくもその顧問役として、その建設作業に加わったことがありました。これは、はじめ学校の近くにある大きな洞窟を、クラスの子どもたちと一緒に探険に行ったことがきっかけでした。

この洞窟は、戦時中、日本の軍隊が兵器倉庫とするため掘りすすめたものですが、その途中で敗戦となり中止されたものなのですが、入口から十数メートルまでは入ったことがある子もいたのですが、その奥がどうなっているのかは、誰も知らなかったのでした。

この洞窟探険は、はじめクラスの有志とぼくとが下見に行き、それから周到な準備が行なわれ、決行されたのですが、中は意外に深くて、何回かの挑戦をしなくてはなりませんでした。結局、六回目の挑戦で全長約二百五十メートルに及ぶ、大きな洞窟の地図は出来上ったのですが、この過程で、他のクラスの少年たち、上級生たちも加わり、かなりの混成部隊で放課後を使って浸入するということになったのでした。

また、洞窟の中には、生活しやすいようにさまざまの工夫がしてあり、洞窟内での生活も可能だったのです。

この洞窟探険の成功と、その中で見た原始的生活の刺激は、子どもたちに大いなる自信と、冒険心とを残したようで、その時の主力メンバーによって、秘かに「山小屋」建設が計画されたのでした。

その頃、ぼくの勤めていた小学校の裏山はずっと奥が深く、あまり人の出入りもなかったので、子どもたちは、その山奥の見晴らしのよい場所に材木やベニヤ板を運こび、準備をすすめたのでした。そして、「夏休み」の十日余りの日数をかけ、子どもたちは、朝早くから夕方までかかり、この「山小屋」建設に情熱を燃やしたのでした。

もちろん、学年もまちまち、そして、その能力もまちまちです。けれども、子どもたちはついに山小屋を完成させました。その中にはゴザが敷かれ、横になって眠ることもできるし、食事ができるようにテーブルもありました。果物や野菜もおかれ、ほんとうにちょっとした山小屋になってしまったのです。

そばの木の上には見張台ができ、そこには目印の「旗」も掲げられました。

その山小屋にぼくも呼ばれ、一緒に食事もしたのですが、ほんとうにそれはワクワクするような興奮でした。大多数の日は、学校に時間をとられ、こうした好奇心のかたまりを、そのままぶつけることのできない子どもたちが、その集団性のままに、こうして山小屋を作るというのは、なにかしら古代人のおおらかな生活力を偲ばせてさえくれるのでした。ぼくは、この出来事を思い出すにつけ、夏休みの間、船に乗ったまま流され、無人島に漂流してしまった「十五少年漂流記」（二年間の休暇）のことを考えるのです。

この場合には、さらに国籍までまちまちの少年たちが、たった十五人で無人島に流されそこでの生活をきりぬけてゆかねばならないのでした。ぼくには、この小説と「夏休み」という「学校」「家庭」から解放された時間とが、奇妙にも結びついてしまうのです。

もう一つの教師時代の例で言えば、浜口文子ちゃんのことが浮かびます。

文子ちゃんは、どちらかといえば、学校ではおとなしく、勉強もあまり得意とは思われませんでした。上にお兄ちゃんがいるので、いつも、このお兄ちゃんに頼ってしまい、ひっこみ思案で、なかなか思いきった行動に出ようとはしないのでした。いくらクラスの中で係につけても、その仕事をやりきることもなく、かくれてしまうのでした。

ところが、家にいる時の文子ちゃんは、わがままで、おかあさんにはベタベタとくっついた甘えん坊でした。内弁慶の典型のような子どもだったのです。おかあさんも、なんとか、この性格を直したいということで、よく相談に見えたのですが、思いきって、夏休みの間中、大阪の親戚の家に行かせてみようという計画を立てたのでした。いつもは、大阪に行く時もおかあさんが一緒に行くのですが思いきって一人で行かせ、夏休み中、ずっと大阪で暮らさせてみようという計画でした。大阪のおじさん、おばさんは、文子ちゃんをかわいがっているということでしたし、ぼくもこの案に賛成でした。

その頃ぼくは、夏休みに入る前にこの夏休みに一つだけやることを決めて、みんなに発表することを約束していて、夏休みが終わった時、それができたかどうかを報告してもらうことにしておいたので、その時も、一人ひとりに聞いてまわったのでした。

「まいにち日記をつけまーす」という子。

「自転車にのれるようにします」という子。

いろいろな発表がつづく中で、文子ちゃんは、立ち上がると、「あたし、大阪へ、ずーっと行ってんの」と発表してくれたのでした。「へえー、ずっと、そりゃあ大変だぞ」と、教師であるぼくが、ことさら驚いてみせたので文子ちゃんは「ほんとよ、できるもん」と力んでみせたのだったけれど、内心では不安もかくしきれなかったようでした。

そこで、ぼくも、夏休みの間、ずっと韓国へ行ってくるぞ、と発表したのです。

いわば、ぼくも子どもたちと同列に並らびがんばるという意志表示をしたということなのです。

終業式が終わると、文子ちゃんは、ぼくのところへかけて来て、「あたしさあ、大阪弁をさあ、たくさん集めてくるよ。先生もチョウセンゴ集めておいでよ」と言ってくれるのでした。

こうして不安を残しながらも、ぼくは文子ちゃんと別れ、八月のはじめから、単身、韓国へ旅立ったのでしたが、この旅行は、思いの外厳しく、ぼくは無精ヒゲと、ゲッソリやせた姿で帰って来たのでした。

九月の始業式の日、ぼくが学校に着くと、一直線にぼくの方へ走ってくる少女がありました。まっ黒く日焼けした、それは文子ちゃんでした。「センセェー、あたしずっと大阪にいたよ。お友だちたくさんできたよ！」

それは何とも言えずうれしそうであり、自信にみちた表情であり、声でした。「よくやったなあ」ぼくは、文子ちゃんを抱きあげ、「ぼくも行って来たぞ！」と叫んだものでした。「家庭（母）」とも「学校（友だち、教師）」とも離れ、たった一人で未知の生活にとびこんだ時、そこには、もう頼るものは何もないのです。その中で文子ちゃんも、そしてぼくも鍛えられたのです。

それ以来、文子ちゃんは、メキメキ元気になり、ハズカシガリ屋ではなくなってゆきました。おかあさんの思い切った決意と、そして激励が、文子ちゃんを一人立ちさせたいということなのです。

　ぼくが小学校教師をやめたのは、二十七歳の時でした。どうしても今までの教育のやり方ではあきたらなく、もっと思いきった子ども集団の自立を考えなくてはならないと考えて、日本のあちこちにある農業共同体をまわって歩き、そこで生活をしてみたのでした。本当は、中国の人民公社、ソビエトのソフォーズ、コルフォーズ、イスラエルのキブツ、アメリカのコミューンなどをまわってみたかったのですが、薄給の教師生活では、お金をためる余裕がなく、それならばと徹底して日本の底辺にもぐり込んでみようと思ったのでした。その中で、ぼくは「山岸会」という集団を知り、その中での「子ども」を育てる考え方や実践に興味をもつようになり、北海道にある山岸会の牧場で長いこと生活することになったのですが、ここでは子どもたちは、「乳児の家」「幼児の家」「学童の家」に集められ、集団生活をしているのです。

　そして、母親は仕事に出（これも共同体内部の作業分担が決まっているのです）、乳幼児は、夜だけ母親にひきとられます。また、学齢児は一週間に一度、土曜日の夜だけ親のもとに帰ってきます。

　この「学童の家」には、一組の夫妻がついていて、生活の面倒はみているのですが、基本的には自治制なのです。子どもたちは、キチンと話し合いをし、役割りを決めて「学童の家」を守ってゆきます。この山岸会では、これから先は、自分たちの「学校」もつくってゆく考えで、早稲田大学をやめられた新島淳良さんを中心にして、「幸福学園」建設を準備していますが、現在は普通の学校に通っています。そして、夏休みになると、子どもたちは、学校から解放され、大人たちと一緒に仕事をするようになります。子どもたちも全員、牛舎や食堂、畑などの分担を与えられ、それぞれできる範囲で仕事を手助けするというわけです。現在では、サラリーマン生活が多くなってしまったので、親がどんな仕事をしているのか、ということを子どもは知ることもなく過しているのですが、そこから、親に対する子の本当の尊敬心は起ってはこないのかもしれません。

やはり、親が汗にまみれて、土にまみれて働いているのを見て、子どもたちは、親を尊敬するのではないのでしょうか。

その意味でいえば、第一次産業の農業、漁業、林業で働く人々と、その子どもたちはそうした数少ないつながりのもてる人々だということができるように思います。

そういう意味では、親と子が一緒になって働らき、遊び、行動できる時間を、夏休みには大いにもたなくてはならないのかもしれません。

ぼくは、三年前に、横浜市寿町にあるドヤ街の寿生活館というところに勤めるようになったのですが、ここでは、人間の生きる最低条件である衣食住が、極端なまでに乏しく、貧しい人々の生活があるのです。

特に、三畳一間での親子の生活は、自炊生活を難かしくしていて、食事を満足に食べられる子は少ないのです。したがって、学校給食が唯一の子どもたちの栄養源になってしまうという、悲しい現実があるのです。

昨年の夏、この街にやってきているボランティアの青年たちと、母親たちの話し合いがあり、夏休みの間だけでも、給食に代るものをつくろうではないかということになり、「子ども食堂」が開かれるようになったのでした。寿の街にある「教会」を会場にして、母親が集まり、メニューを考え、材料を買いに行きます。こうして、五十食分ぐらいの昼食が用意されるのですが、この「子ども食堂」は、驚ろくほど人気があるのです。

学校給食のように、パンと決った献立ではなく、親子丼とか、カレーライスなど、何でもでてくるし、子どもたちの希望がかなえられるし、中学生も、まだ学校に行っていない子も、みんな並んで話しながら食べられるのです。食事とは、本来こうして、みんなで話しながら笑いながら食べるものであったのです。一人ひとり、きりはなされた場所で食べても、少しもおいしくはなかったのです。

この「子ども食堂」は、おかあさんたちの共同作業を生み出し、子どもたちの集団化の方向を生み出しました。

自分たちの街の母親たちがつくった食事を食べられるということ、このことの幸せを子どもたちは感じとったはずなのです。

山岸会の牧場とは、ちがった形ですけれど、ここにも親と子のかよいあいがあります。

夏休みは、こうした機会を、与えてくれているのではないかと、ふと思えてきます。

ほんの、いくつかの例をあげることに止まってしまいましたが、子どもにとっての「夏休み」は、おそらく、まだ共同体の残っていた原始社会の中でみられた「子ども組」とつながりがあるのかもしれません。子どもたち同志で集まり、集団として自治を確立していた頃の、子ども集団のよみがえり、それが夏休みの一つの姿なのではないでしょうか。

そうだとすれば、親や教師は、そうした空間をつくるために、それらを保障してやる義務があるのでしょう。また、「学校」や「家（親）」から離れて、たった一人の力で生きぬいてみるというチャンスも、夏休みに含まれた一つの側面だと思われますし、日頃、親と子が切り離されている場合には、親子が一緒に仕事をするという場をつくり出すことも重要なことではないでしょうか。

思いきり自由に、ハメをはずし、自分の好奇心のままに生きる空間、それが夏休みなのでしょう。子どもとは、人間の中で、もっとも自然に近く、したがって、もっとも野性的なものです。その野性と自然性を、ありのままに発散させる時、そこに、現代における、「夏休み」の意味も価値もうまれてくるのかもしれません。

夏休み子どもの生活（明治図書、一九七四年）

二　流民的子ども論序説——寄せ場の現状からみる子ども像——

Ⅰ

弘美ちゃんが児童施設に入りたいんだと相談をもちかけたのは、もう二月ほども前になる。弘美ちゃんは中学二年生の女の子である。

小学生の徳雄君と二人姉弟。母親は、寿の街にある「ユタカ」という大衆酒場に勤めている。小柄だが、どこか人を惹く力があり、酒をあふれるほど飲みながらも客を扱かうのはなかなかうまかった。長い髪を結いあげ、冗談を言いながら、日雇い稼業の男たちの汗臭い体臭の間を泳ぐようにして酒をついでいる母親は、そんな時ひどく生き生きしてみえた。

かすれたハスキーな声で笑いとばしながら生きている母親は、時としてこの酒場を訪れるぼくなどにも逞しい生命力を感じさせるのだったが、弘美ちゃんも、そんな母親にどこか似ていた。

父親は通称マッチャンという寿町では顔の広い日雇い労働者である。地域になわばりをもつヤクザの翼下に位置し、しばらくは手配師もしていたことがある。

父親は酒を飲むと、かなりくせが悪く、よく暴れた。これも寿の町では有名なのだが、マッチャンが相手かまわず、つかみかかってゆく姿をよく見かける。このマッチャンが最近、酒の飲み過ぎと不節制がたたって、肝臓をやられてしまい、仕事もできなくなり、ほほも落ちてげっそりとし、かなり憔悴した姿になってしまったのである。

この親子四人は、簡易宿泊所（通称「ドヤ」）に生活している。簡宿といっても部屋は三畳間一つである。ここに世帯道具やら勉強道具などを置けば、もう寝るところもない。

しかし、そうやって彼女たちは生活してきた。もう一つ、つけ加えなくてはならないことは、マッチャンは弘美ちゃんや徳雄君の生みの親ではないということである。

寿のアンコ仲間の言葉で言えば、「マッチャンがあのカアちゃんを男からかっぱらったんだよな。あの頃のマッチャンは羽振りがよかったからなあ」ということになる。

弘美ちゃんの生みの父親が今何をし、どうなっているのかということは、ぼくにはわからない。ただ、この町にはいないということだけは確かなことである。

そして、ずっと以前から、マッチャンは弘美ちゃんをよくなぐった。憎かったのか、あるいは母親似の弘美ちゃんに気持ちとは裏腹な行為がとびだしたのかはよくわからない。

しかし、態度が悪いといってはなぐりつけ、弘美ちゃんの髪をつかんでは廊下に引きずり出し、「てめえみてえなアマは、どっかへいっちまえ」とどなりつけることがしばしばあった。そんな時、弘美ちゃんは涙で腫らんだ瞳を押さえ、あちこち青あざの姿で生活館にとんで来て、子どもホールの机につっぷして泣いていた。

「チキショウ、あんなオヤジ死んじまえばいいんだ。仕事がうまくいかないからってさあ、自分ばっかり酒のんで、バカ、バカァ」

弘美ちゃんは、寿の子が誰れもそうであるように学校の勉強は不得意であったけれど、生活力は旺盛であった。学校が終わると、近くの喫茶店のウエイトレスのアルバイトをし、これで自分の好きなものを買ったりする術を心得ていた。そして、父親の顔を見るのもいやだといって、寿町の近くにアパートを借りているボランティアの小山田さんという女性の部屋にいって一緒に生活をはじめたのである。ボランティアグループの人も何回か父親と母親に説得に行ったが、その場ではうまく話し合いがついても、家庭にもどれば今まで以上の虐待がつづき、しかも中学生のアルバイトを学校から注意されたりして、弘美ちゃんは、かなりかたくなになっていた。

弘美ちゃんは「カンサイ」というニックネームの十九歳の青年のことが好きであった。「カンサイ」は、知能の発達が遅く、めったに話もせず、中学を出てから仕事にもつかずブラブラしていたが、寿の労働者の卓球チームができてから毎日そこに来るようになった青年である。淋しく無口であった「カンサイ」も、メキメキ卓球の腕が上達するにしたがって話もできるようになってきた。生活館の職員も「今までカンサイの話を聞いたことがなかったのに……」と言うほどの変化であった。その頃中学生や小学生の卓球部をつくっていたのでカンサイにもコーチにきてもらうことが多くなった。ぼくがいない時は、練習をカンサイにまかせてぼくは安心して出掛けるようになってもきた。カンサイは面倒みがよく、一人ひとり手をとってラケットの空振りや変化サーブの仕方を教えてやっていた。

生活館によく顔を出す弘美ちゃんとカンサイがこうして親しくなってゆくのは、何かしらホホエマシかった。弘美ちゃんに、寿少年卓球チームのマネージャーになってもらおうと話がでた時「やだよォー、やったことないもん」と言いながら、弘美ちゃんがひどくうれしそうだったのをよく覚えている。

そのカンサイが数ヶ月前、突然の如くに寿の町からいなくなった。船舶で働らいていた父親に連れられて、文字通り関西へ帰ったのだと言う話や、病気になったのではないかという噂が流れたが、誰も事実をしらない。「そろそろ仕事をしてみないか」と話しかけたら、コックリしてみせたカンサイであったが、それ以来、誰も姿をみた者はいない。

弘美ちゃんは、卓球の試合をしているカンサイの写真を一枚くれといってぼくの所に来、マスプリしてやったカンサイの勇姿を大事そうに抱いていたが、それはむしろ痛ましい感じさえした。そしてとうとう、弘美ちゃんは、母親の反対を押し切り、児童施設に入りたいと自ら生活館に話をもち込んできたのであった。何回か話し合いがあった。はじめは施設になんぞ入れるのは恥だ！といきまいていた父親も、弘美ちゃんの徹底した抗議についにカブトを脱いだ。

「そんなことといったってトウチャン、あたしは学校から帰ってきたって勉強もできないんだよ。毎日毎日トウチャンにぶんなぐられてさあ、こんなとこ生活する場じゃないよ。あたしはあたしでちゃんと生きてっから心配しなくていいよ。それよかトウチャン、自分の体のこと少しは考えな。

トクにはさあ、あたしみたいな苦労かけないでよ」

弘美ちゃんは、つい先日、施設に入ったばかりである。二度ほど元気そうな電話があった。施設に入る日、寿の町の青年労働者の一人から宮沢賢治の童話集の本を贈られた弘美ちゃんは、とてもスッキリした顔をしていた。

「あたし、自分の力で生きていくよ」

そんな母親ゆずりなハスキーな声を聞くと、ぼくは、はじめから「家庭」を与えられなかった子どもたちの、「家庭」がない故に培ってきた不思議なバイタリティが、マイナスへの方向へではなく、プラスの方向へはばたいてゆくように祈らずにはいられなかった。ちなみに、寿の町で育った女の子の半数以上は水商売に入ってゆくのである。

寿には、スナック、大衆酒場が圧倒的に多い。それも二十四時間営業である。この町で女の人といえば、水商売以外にはない。

少女たちは、こうしたイメージの他に自らのエネルギーの発散をしらないのである。

今年も、少女の何人かが、売春で補導された。ぼくには、まだ充分見届けられない世界なのだが、寿の女の子がスケバンになってゆく構図の中に、逆に「未来」を発見したいと思っているのだが、それはまだ陰画としてのイメージの域を出ない。

何度も補導されたことのある中学二年の少女は、「ハーレムの熱い日々」という吉田ルイ子さんの本を読んで泣いちゃった！と告げたけれど、ぼくは今、生きてゆくことに貧婪な、この少女たちの世界に流民（縄文人、狩猟採集人）のもっていた懐しい生の感触を香ぐのである。

Ⅱ

大衆風呂が、庶民の生活の中で一つの社交の場であったということは、ローマの大浴場や、江戸時代の風流風呂の話を待つまでのこともないのだが、寿の町で風呂に行くと、元気のいい少年たちに必ずといっていいほど会うのである。

ター坊は小学五年生の少年である。わんぱくこの上ない少年で、いつも汚れきった上着に半ズボンで日雇労働者の間をかけぬけているのだが、風呂屋で会う時の彼は、実にまじめな少年になっている。

彼はいつも、何人かの幼児たちを一緒に風呂に連れてきているのである。

そして「ほら、ちゃんと数をかぞえてからでるんだよォ」などと大きな反響する声で言って、一列に並ばせた小さな子どもの頭をなぜたりするのである。

湯船からでると、こんどは順番に体を洗ってやるのである。これも丁寧に耳の穴までふきとってやっている。彼自身は耳の裏など垢だらけにしているのだが、こんな風にして子どもたちの体を洗っている図は、ほほえましく美しい。

なかなか小さな子を風呂まで連れてゆけない近所の母親が、ター坊に頼むのだろうが、「まかしといてよ、さっ行こう」などと手を引いてゆくター坊は、たちまちいっぱしの大人に変身してしまうのである。

寿の町では、子ども集団が、わりあいと年齢に関係なく成立している。あくまで、この町では実力が中心である。年齢が上の子でも能力がなければ、リーダーにはなれない。

そんなことから言えば、小学二年生のヤッチなどは、小学生の上級生までをしたがえた寿のチビッコたちのリーダーといえるだろう。

ヤッチは、言葉の乱暴なのに比べれば、実に端麗な顔をしている。大人になれば、かなりの好男子になるだろうと予想される顔だちなのである。そのヤッチがひとたび口を開けば「なんだよォテメエ、ブットバスゾォ」ということになる。けんかをする時のヤッチは全力でぶつかってゆく。文字通り中途半端なしの全身全霊でぶつかるというわけである。かみつく、髪を引っぱる、けとばす、ひっかく、あらゆる手をつかう。このガムシャラさに押されて上級の子どもも輩下におさまってしまうのである。

こうして、縦横にからみあった子ども集団は、全体がみな兄弟、姉妹のような関係になっている。寿の子どもは全体で約三百人。学齢児だけで言えば百八十人ほどなのだが、その内の三分の一位は、かなり密接な関係を保ちあっているのである。

そうした子どもたちが風呂場で出会う時にはニギヤカなこと、この上ない。お湯はひっかけあう、ツルツルする床の上を走りまわる。手拭のぶつけっこはするというぐあい。

だから、そんな中に風呂に入ると、「あっ野本さんだァ」ということになり、たちまち集まってきて、ワイワイガヤガヤ、ああでもないこうでもないと話がはじまり、思わぬ約束までさせられることになるのである。

先日は、そんな会話の中で、野球部をつくろうという話になってしまった。大人の野球チーム「寿ベアーズ」ができたことが大きなきっかけになっているにちがいないのだが、それでも子どもたちはすっかりのりきで、毎週、土、日は練習日と決めてしまう。

そして、ぼくは無理やりにもコーチ役をおしつけられてしまうのである。物事を決めるのは、たしかに早い、その次の日から、朝は六時ごろにたたき起こされるはめになる。

「一時間ぐらいさあ、練習するから来てよ、約束でしょ」というわけである。ねむい目をこすりこすり行くと、黄色い声をはりあげてギャアギャアとやっている。もうちゃんとリーダーもできていて、統制のとれた練習である。

しかし、寿の子どもたちは、はじめるのも早いがやめるのも早い。「テメエ、言ったようにやらねーじゃねーか、オレア頭にきた、ヤメル！」といったぐあいである。

今や、子どもたちの熱中しているのは、ベーゴマとローラースケートである。

さっそく、ベーゴマのチャンピオン大会をやるのだとか、ローラーチームをつくるのだとか、風呂場では、あのケンケンガクガクがはじまっているのだが、次には、また何かがはじまってゆくはずである。

寿の町では持続的な作業が行なわれにくい。

その日その日に賭けて生きてゆく日雇労働者の町である故に、どうしても長い展望の上にたって生活を築くことが難しいのである。

あるいは集団を組んで作業をするということが不得意である。一匹狼が多く、力を合わせて何かを創り出すという体験もなく、その喜びを実感したこともない。自分一人の腕と度胸をたよりに人生を生き抜いているだけに、一人で生きていた方が気が楽だし、自由だという発想がある。それはもう肉体化した思想とでもいうことができる。

こうした大人の生き方は、そのまま子どもたちに反映している。生活館の子どもホールにきても、ちらかし放題、暴れ放題ということになってなかなか後かたづけなどする気にならない。一人ひとりが、かってに遊び、まとまって行動してゆこうというところがない。

エネルギーは、それぞれバラバラに発散しているということである。

この問題にどう取りくみ、ときほぐしていったらいいのか――問題は複雑である。しかし、おそらくは、共に汗して働らき、共に創りあげているという実感を伴う労働が、この中で育つ必要があるということだけは確かなことである。それは、あるいは狩猟から農耕へと変化した、あの縄文から弥生への変質過程と似ているのかもしれない。

ただぼくは、寿の町が、故郷を喪失した、いわば流民の集落と考えているので、寿という森林の中でウゴメキあって、常に流動している人々（エモノを求めてさすらう狩猟民）の旺盛な生命力を、もう少し深い地点から見つめ直してみたいという気がするのである。
あまりに弥生化し、擬制の集団化、組織化が進化した中で、もう一度、一日一日を緊張して生きざるをえなかった縄文人の生活力と野性味をとりもどしたいという思いがあるのである。まだ定着を求めなかった放浪民としての猟狩採集の民が、いかに「子ども」を見ていたか、扱っていたのか、親から放り出された子どもが、どう自立したか、集団化したのか、それらを原点に立ち返って考えたいと思うのである。

婦人教師、№79（明治図書、一九七八年）

三　子ども思想史とノンフィクション
——児童文学からみる子ども像——

(1)　はじめに

子どもという存在を基底に据えたノンフィクションは、最近とみにその数が増えているように思われる。それは、子どもたちが引き起こしたり巻き込まれる事件が多くなって、人々の注目を集めていることと無関係ではない。

けれども、もしノンフィクションという表現形態が、社会に起こるさまざまな現象の内実に迫り、その本質を描くものだとすれば、記録者の側に「子ども」に対する何等かの思想性が求められるように思われてならない。あるいは「子ども」に関わる必然性のようなものが記録者に問われるだろうという気がしている。そうした視点から、極めて私的な「子どもに関するノンフィクション」についての素描を行なってみたい。

ぼく自身は、大学生になった十八歳の時に生死を分けるような事故に遭遇し、「子ども」という存在が人類史にとってもっとも基本に位置する存在であることを実感し、同時に、子どもは「人間の原型質である」という確信を得ることになったという体験をもっている。

したがって、こうしたぼく自身の関心のあり方に即して以下の論を進めていきたい。

(2)　もうひとつの少年期

子どもについての関心が拡大してくるにしたがって、ぼくには二つの方向が生まれてきた。

一つは児童文学者として生きる道。もう一つは、日常的に子どもたちと関わる教師への道であった。そして、子どもとの関わりの中から「子ども」の内実に迫りたいという思いの方が強く、結局、小学校教師の世界へと入ることになった。そんなぼくにとっては、教師が子どもをどのように見ているか、ということが大きな関心であった。

その頃、注目していた作品は、長谷健の『あさくさの子供』（教師の友社）である。浅草小学校の教師であった長谷健は、『白い壁』などで知られる小学校教師でプロレタリア作家でもある本庄陸男等の主催する同人誌『教育文学』に所属し、生活綴方運動にも参加しながら記録文学を書き続けてきていた。そして、浅草小学校の子どもたちをモデルに、分身である江礼という教師の手記と、子どもたちの生活をリアルに描いた客観描写とをミックスさせ、金を盗んだりテストの点をごまかして小遣いをせびる小学生の少女の内面を丁寧に描きながら、国家統制下の教師と子どもたちの世界を表現したのであった。

この作品は、一九三九年（昭和十四年）の第九回芥川賞を受賞している。小学校教師の作品が芥川賞になるという稀有な展開で、長谷健は教師を辞め、以後は作家へと転身するのだが、その後『あさくさの子供』に勝る作品を描くことはできなかった。

ぼくがこの作品を読んだのは、長く絶版だった彼の作品が一九六七年に新版として出版されたときであった。浅草には東京では最大の花街もあるし、被差別部落もある。そうした社会背景の中で十年余りも教師をしてきた経験が、このノンフィクション作品を生んだのだとぼくは思った。ぼくはどこかでこの『あさくさの子供』を目標にしていたような気がする。後にぼくは『裸足の原始人たち～寿地区の子ども』（田畑書店、のち新宿書房）を書くのだが、これは日雇い労働者の街における子どもたちの生態を描いたノンフィクションである。同じ系列に『教育以前～あいりん小中学校物語』（小柳伸顕著／田畑書店）がある。どちらにしてもこれらのノンフィクションには、子どもたちと生活を共にするという体験の共有化が不可欠の要素になっている。

ぼくが小学校の教師を辞し、日本列島を放浪したのは二十六歳から三十歳までの四年余りなのだが、その旅の最初に訪ねた北海道遠軽にある『北海道家庭学校（教育農場）』での経験は、中でも鮮烈に残っている。ここは教護院と呼ばれ「非行少年」が入所する施設である。ここでぼくは『石上館』という寮に泊まり、少年たちと行動を共にしたのだが、この寮の担当をされていたのが藤田俊二さんご夫妻だった。雪のシンシンと降りしきる深夜、藤田さんからずっと書き続けている少年たち一人ひとりの記録ノートを見せていただいた。

寮にいる間の細かな会話から、卒園後の手紙や消息も、こと細かに書き込まれていた。

ぼくはその情熱と持続力に圧倒されながら、この記録がいつか出版されることを期待していた。そして、それは『もうひとつの少年期』（藤田俊二著／晩聲社／一九七九年）として刊行された。この中で藤田さんは、昔『少年期』（波多野勤子著／光文社）というベストセラーが出たことに対して「大学はおろか高校からも中学からも切り離され、なにもかにもが不如意な生活の中で不思議に明るく伸び続けている少年たちの感性こそ、真に少年期と呼ぶにふさわしいと、敢えてこの本の題名としました」と述べている。

そして「こんなにいじらしい心根の少年を、非行少年と呼ぶ奴がいたら、その場で殴り倒してやる」という文章もある。

ここには、少年たちの側に立ち、寄り添いながら厳しい現実生活の中で、生きることに必死な

「いのち」のほとばしりを受けとめていく記録者の姿勢が息づいている。

教師や施設の職員という立場から、いわば管理する側の発想で「子ども」を見るのではなく、同時代を生きる年若い仲間を見る「まなざし」がここにはある。

ここにぼくはノンフィクションの一つの原点があると見ている。

(3) 娘よ、ここが長崎です

子どもと直接的に関わるということで言えば、どうしても「親」という存在を抜かすことはできない。むしろ、「親と子」は「世代継承」の原点を秘めている基本的な関係でもある。この自然さは、つい当たり前のこととして見過ごしてしまうのだが、何等かの事情で、親子の関係が断ち切られる、あるいは消滅するという危機的な状況に対面したとき、親と子は、その関係性の大切さ、重要性に気づかされることになる。

その最大の悲劇は「戦争」であり、戦争そのものに巻き込まれた「親と子」の苦しみである。第二次世界大戦は、世界各地に多くの犠牲者を出したが、日本で言えば広島と長崎への原爆投下がもっとも悲劇的な出来事である。

そしてこの最大の悲劇の中から、戦後こども思想史の原点ともいうべき二つの記録が生まれている。一つは、長田新氏によって編集された『原爆の子~広島の少年少女のうったえ』(長田新編/岩波書店／一九五一年）である。

そして、もう一冊は、永井隆氏の『この子を残して』（永井隆著／中央出版社／一九四八年）である。二人にとって、この原爆体験は、生き方そのものを根底から問い直すほどの凄まじい体験であった。そして、そうした体験の中から次代を生きる「子どもたち」に対して何を伝えるべきかという衝動にも似た思いが噴出したのだと推測する。

広島の少年少女たちの手記を集め始めた長田氏は、切々と書かれた子どもたちの文章を読みながら、その重大性に気づかされていく。そして、この記録を「生のまま」全世界の人々に提供すべきではないかと考えたのであった。

「ここに集められた体験の記録は、単なるルポルタージュでもなければ、またいわゆる綴方や作文と考えるには、余りにも真実な、余りにも厳粛なものである。いずれも彼らの血と涙の結晶であり、彼らの最愛の肉親を奪った戦争に対するはげしい憤怒であり、肺肝を吐露した彼らの悲痛な平和への祈りであり、訴えである」（『原爆の子』）

そして、永井氏はやがて親を失い孤児となっていく子どもたちに向かって語りかける。「孤児をして〈真実〉に生きさせよ。苦しくても、さみしくても、悲しくても、その苦しさ、さみしさ、悲しさをごまかさず、そのままひたすら真実に生きさせよ。孤児はついに真実孤児なのだ。孤児として生きるのが真実の道なのだ。」（『この子を残して』）

両親を戦争で失っていくわが子に対して、事実を受けとめ、決して逃げず、ごまかさず、ありのままの真実を見つめて生きていけと言っている。そして同時に、生きていくことは厳しいことだが、人間には人を愛する心もあるのだということも付け加えている。

家族が住んでいた小さな家は「如己堂」といい、「己の如く人を愛せよ」というメッセージをも永井氏は子どもたちに伝えていたのである。

永井氏の娘、茅乃さんは、成長し一女の母となり、中学生の娘、和子さんを伴って長崎へ出かけた。一九八三年のことである。その時の記録が『娘よ、ここが長崎です』（筒井茅乃著／くもん出版）として出版された。このノンフィクションの作品に、兄の誠一さんが文章を寄せている。「だんだんと、つめたくなっていく父の手でした。二度と、このように人をころす、むごいあらそいはしてはならないと、いっしょうけんめい書きつづけた父の右手は、白い色になってきました。わたしは〈がんばりぬくことのだいじさを、身をもって教えてくれた父さん、ほんとうにご苦労さまでした。ありがとう。わたしたちもがんばります〉と、言いました。」（『娘よ、ここが長崎です』）

こうした系譜は、障害をもって生まれた子どもと両親との関係の中にも生きている。

例えば、ダウン症として生まれた息子との関わりを丹念に記録しながら、やがて次のような視点で、わが子を見るようになった徳田茂さんの作品がある。

「人と競争することはせず　人を蹴落とすこともせず　ひとには傷つけられても
自分はひとを傷つけず　どこへ行くにも何をするにも　決して急ぐことはせず
頑固にゆったりと　自分の歩幅で生きていく　悲しいときには精一杯泣き

嬉しいときには体一杯で喜び　心と体をひとつにして生きている
そんな知行が私は好きだ」（『知行とともに～ダウン症児の父親の記』／川島書店）

徳田さんは、この過程で教師を辞め、地域の人々と障害児の通園施設を開設することになるのだが、子どもたちが固有のやり方と歩調で生きていくのに付き合っていけばよいのだと気づかされたと書いている。こうした親と子の記録から、自分の期待や要求によって子どもを見るのではなく、ありのままの「子ども」と向き合うことが重要なのだと気づかされる。

(4)　紙咲道生少年の記録

戦前の生活綴方の典型として知られる、豊田正子さんの『綴方教室』の流れは、戦後では『山びこ学校』（無着成恭編／百合出版）や『つづり方兄弟』（野上丹治・洋子・房雄作品集／理論社）に引き継がれ、一つの系譜を形成しているが、『基地の子』（清永幾太郎編／光文社）、『戦うぼくらの砦～三里塚芝山少年行動隊』（合同出版）、『筑豊・池尻の子どもたち』（村上通哉編／たいまつ社）も、こうした流れの中にある。

いづれも子ども自身が当事者として語り始めているという特徴がある。それまで抑圧されていた植民地の人々の独立への叫びや、女性、障害者、少数民族の解放へのうねりと重なるようにして、子どもたちが声を受けとめる基盤が形成される状況になったということもいえる。しかし、この傾向はその後、子どもたちが社会に絶望し、自死するということを通して、遺書という形で子どもたちの思いや叫びが社会化されるようになる。

「今の私は、まっくらで何も見えない所にいる。こんなところはいやだ。誰かたすけて。はやく。はやく明るいところにいきたい。叫んでいるのに私を助けてくれない。みんな私をすくってくれない。なぜ…」（『流れ星が見たい』亀田稔・愛子著／筑摩書房）

「努力する　できません　がんばる　がんばれません　続けてみる　無理です

考え直してみる　考えてなんていられません　みんなして無理いわないで下さい」

（『花を飾ってくださるのなら』尾山奈々著／講談社）

「ざつ音　耳がふさげない　音が消えない。さけびたい。」

（『マー先のバカ』杉本治著／青春出版社）

こうした思いや悩みを心の奥深くに秘めながら日常を生きている子どもたち。ノンフィクションは、こうした深みに寄り添うことができるのであろうか。状況の方がはるかに先行しているような気がしてならない。

こうした問題にもっとも尖鋭的に対応したのは『子供たちの復讐』（本多勝一著／朝日新聞社）、『つっぱりトミーの死』（生江有二著／中央公論社）、『荒廃のカルテ』（横川和夫編著／新潮文庫）といったノンフィクションなのだが、いづれもルポルタージュとよべる作品群である。記録者自身による社会告発の思いが強い。

その点では、自らの浮浪児体験をまとめた児童文学者、佐野美津男の『浮浪児の栄光』（三一書房）には少年の心象風景が一種の凄味を帯びて結晶化されている。

「〈おれ死んじゃおうかな〉とつぶやいてみた。手にはカミソリの刃が残っている。…広い原っぱのような所で死にたいとも思ったが、まっ黒こげになって死んだ親父やおふくろのことを考えれば、便所だって決して悪くないとあきらめた」（『浮浪児の栄光』）

また、最近の少年の殺人事件や、性的な事件を考えると作家、井上光晴の『紙咲道生少年の記録』（福武書店／一九九一年）を思い浮かべる。

この作品に登場する紙咲少年は十一歳。小学校六年生である。その少年と結婚歴のある三十七歳の看護婦は街角で出会い、付き合うようになる。彼女は、少年が小学生であるという先入観があったのだが、少年は彼女を恋人として振るまおうとする。やがて彼女は少年との関係を絶とうとするのだが少年は付きまとうことをやめない。やがて、この街に連続婦女暴行事件が発生する。少年は、自分を受け入れてくれない社会に身をすりよせようと健気に生きていくのだが、ことごとく拒否されていく。

この作品は、井上光晴氏自身の少年時代の体験に基づいて書かれているといわれている。

戦争直後の九州。炭坑街と娼婦の街で少年が見たもの、感じた世界。この作品は小説として発表されたが、ぼくは佐野氏の作品同様、ノンフィクションの系列に属するものと認識している。同じ感触としては、山田詠美の『風葬の教室』（河出文庫）がある。

ノンフィクションは、事実と虚構を飲み込みながら、事実の内実、本質に肉薄していく迫力を不可欠の要素としている。その意味で、記録者が自らの体験と現実とをどこまで融合させられるかが問われることになる。ぼく自身、そんな世界が描けたらと夢想している。

最後に、『チェルノブイリの祈り』（岩波書店）で知られるロシアのドキュメンタリー作家、スヴェトラーナが『ボタン穴から見た戦争』（群像社）を最近出版した。

彼女が行なったのは、第二次世界大戦のとき子どもだった、現在の老人たちに子ども時代に遭遇した戦争の記憶を丁寧に掘り起こし聞き取る作業である。そして、人は決して子ども時代の悲しい記憶を失うことがないことを実証してみせた貴重な作品である。

このタイトルは、爆弾が落ちるところを見たくて怖がりながらも、ひっかぶったオーバーのボタンの穴から覗いていたジューニヤの言葉からつけられたのだが、ひとまとめに括られてしまうことを拒み、具体的な個人個人の体験にこだわり続けるところにノンフィクションの存在意味もあるのだろうと、ぼくは考えている。

かつて、教育評論家の遠藤豊吉さんが「小学生向けドキュメンタリーシリーズ」（フレーベル館）を企画し、公害の町で苦しむ小児ゼンソクの子どもたちを描いた、『いつか虹をあおぎたい』（松下竜一）や、視覚障害の少女を主人公にした『ガラスの目』（平林浩）といったリアルな作品十巻を刊行したことがあった。

ぼくも、寿町の子どもを描いた『空にでっかい雲がわく』という作品を書かせてもらったのだが、こうした子どもの視点から現実の社会を見つめ、一人ひとりの暮らしを真正面から受けとめ、その厳しさと素晴らしさに向き合い、子どもたちを励ますようなノンフィクション作品が、いまこそ生まれてほしいという思いが強い。

（ぱるる、No12（パロル舎、二〇一〇年）

第Ⅲ章　子ども支援へのアプローチ

一　悲しみと癒し

(1)「悲しみ」との出会い

人は、人生経験の中で、さまざまな「悲しみ」と出会うことがある。そうした悲しみとの出会いには、一時的に過ぎ去っていくものもあるが、その悲しみに耐えきれず、苦しみ、絶望して生きていく気力すら失ってしまうこともある。

そんな時、人はどのようにして、その悲しみを受けとめ、生きる力をとり戻していくのであろうか。生きていく過程は、角度を変えてみれば、さまざまな出会いと別れを繰り返していくことであり、それは「喜び」と「悲しみ」の連続でもある。

つまり、「生きていくこと」と「悲しみに出会うこと」は切り離すことのできない関係でもある。だとすれば、人はこの「悲しみ」とどう付き合い、乗り越えてきたのであろうか。ここでは、さまざまな体験をふり返りながら、この問題を考えてみたい。

表１　悲しみと癒しに関するアンケート

1　今までの人生の中で、悲しかったことをあげてください
（三つ記入する欄を設けた）
2　その悲しみは、その後、癒されたと思いますか
（はい、いいえ、癒されつつある）
3　その悲しみは、なぜ癒されたのでしょうか。また、なぜ癒されないのでしょうか
あるいは、どうして癒されつつあると思うのでしょうか
4　悲しみを癒すのに、何が大切だと思いますか
5　もし、相談機関などを利用したことがあれば、その時の印象や感想、意見などを書いてください

筆者は、担当している『人間論』の講義の中で、「あなたがこれまで生活してきた中で、もっとも悲しかった経験を思い出し、どんな経験であったかを書いてみてください」という課題を出してみた。二十歳前後の若者にとって、どのような「悲しみ体験」があるかという関心と共に、どのように「癒されたのか」という関心もあったので、表1のようなアンケートを実施してみた。

このアンケートは、予想以上に丁寧に書かれ、中には裏面いっぱいに記入してくれた学生もいた。このことは、学生にとっても「悲しみ」との関わりや、「悲しみ」への関心が深いということを表しているのではないかと考えられる。

この内容を、分類してみると以下のようになる。

〈人間関係に関するもの〉学校、友人関係

仲間外れにされたこと　いじめられたこと　喧嘩したこと　一人だけとり残されたと感じた時

友人に軽蔑された時　恋人との別れ（失恋した時）　友人に嫌われた時　転校し友人と別れる時……

〈人間関係に関するもの〉家庭、親子関係

家庭内のいざこざ（夫婦仲が悪い、甘えられない、生まなきゃよかったといわれた時）　親の離婚　父親の単身赴任　親に叱られた時　親に見放された時　兄弟（姉妹）喧嘩

〈失敗や挫折体験に関するもの〉

入学試験に失敗した時（高校入試、大学受験……）　期待していた試合に負けた時

〈親しい人との別れ、またはその不安〉

転居（遠方、外国……）　卒業　海外への留学　家族（友人）の病気（入院や手術）

〈大切な物を失った時〉

火事で家が焼失した時　大切な腕時計を失った時　サボテンを盗まれた時

〈死に関すること〉

母の死　祖父（祖母）の死　友人の死　いとこの死　後輩の死　近所のお姉さんが殺された時

アイドル（華月、ヒデ……）の死　ペット（犬、鳥……）の死

こうして大学生の「悲しみ体験」を列挙してみると、ここには「安心感」や「安定感」が失われ、精神的にも不安定になっていることと重なり合っているということがわかる。

米国の精神科医、ホルムスとラーニは、人々にとって重大なストレスになる生活上の変化を数量化し「変化に適応するためのストレス値」の表を作成した。

この表によると、配偶者の死、別離がもっとも高く、続いて近親者の死、病気や外傷、拘禁状態におかれること、職業上の変化（転職、引退、就職……）、経済的な変化などが続いている。そして、こうしたストレスは、広い意味での「対象喪失」であると結論づけている。こうした視点から「悲しみ」を分析した『対象喪失〜悲しむということ』[1]によれば、大学生へのアンケート結果と共通の内容が明確になってくる。一般的に、漢字で「かなしみ」を表すと「悲しみ」「哀しみ」「愛しみ」になり、それぞれ、切なくどうしようもない感情が含まれている。「悲しみ」にはどこか、思いがかなわず、もどかしさが感じられ、「哀しみ」には別れや死に直面した辛さが込められ、「愛しみ」には心ひかれ、囚われから自由になれない思いがうかがわれる。

これらを「対象喪失（Object Loss）」という視点から整理してみると、対象喪失の体験は、表2のように分類できる。

ここでいう「対象」には、長い間、慣れ親しんだという前提があり、さまざまな関わりや経験、思い出が分ち難く結びついている。したがって、そこには「親しみ」があり「安心感」「信頼感」といった要素も重なり合っている。

表２　慣れ親しんだ対象を失った体験の分類

1	愛情・依存の対象との別れ （近親者の死や失恋、思春期の親離れ）
2	環境や役割からの別れ（転居、転職、転校、海外移住）
3	所有物との別れ （財産、能力、地位、物品、身体機能、アイデンティティ、死）

そうした「対象（存在）」と別れるということは、対象を包んでいるさまざまな関係性をも失うことになるのである。つまり、「悲しみ」とは、「親しい人」「慣れ親しんだ環境」そして「安定したライフスタイル」と別れるということであり、自分自身の「アイデンティティ」を「喪失する不安」ともなっているということである。

そう考えれば、「悲しみ」との出会いとは、自分を失う悲しみであり、それを乗り越えることは、「新たな自己回復の作業」でもあるということになるのである。

(2)　悲しみに、どう対応するのか

先に行なった大学生のアンケートからみると、その対応にもいくつかの共通項がみられる。

その中でもっとも多いのが「辛くなってしまうので、思い出さないようにしている」「忘れるようにしている」「他に気を紛らすことをみつける」「夢中になることを探し、熱中する」「あきらめる」「時間がいつのまにか忘れさせてくれる」といったものであった。つまり、忘れる、あ

きらめる、他に集中するものを探すということで、なかったことにする、消してしまうということである。「悲しみを消却する」ということになろうか。

一般的には、こうした自然に忘却する方法がとられているかもしれない。また、そうすることで消えてしまう悲しみもあると思う。しかし、忘れることも、あきらめることもできない場合はどうすればいいのか。

次に多かった学生の対応策は、「親友に話を聞いてもらったり、日記に自分の気持ちを徹底的に書いて、気持ちを吐き出した」「悲しい時はへんに紛らわせるより、とことん落ち込むこと。うやむやにするよりスッキリする」「思いきり泣くこと、友だちや先生、皆と泣きまくった。自分では泣かないと思っていたのでビックリしたが、落ち着いた」「悲しい時は、とにかく食べます。そうすると落ち着きます」「私は、カラオケに行って、とにかく、大声で歌いまくります」といった感じのもの。

悲しみを忘れたり、押し込めるのではなく、出しきってしまう。話したり、泣いたり、怒ったり、歌ったり、食べまくったりする。あるいは、自分の気持ちを日記や文章に書いてみる。こうして、自分の気持ちを発散させる。そうした対応スタイルがある。

そして、もう一つは、悲しみを忘れないで、むしろ自分の原点にしたいというもの。

例えば「忘れてはいけない悲しみだと思う。だから、簡単には癒されてはいけないと思う。この悲しみは、私が生きている理由にもなっている」「悲しい事実を、悲しいからといって忘れてしまおうと努力するつもりはない。その悲しみと真正面から向き合って、見つめ、とらえ直してみたい」といった姿勢である。

おそらく、こうした対応の相違は、悲しみの内容の違いや、悲しみと向かい合う状況の違いにもよっていると思われる。

悲しみとの対応について、よく例として引用されるのが、イギリスの精神分析医、J・ボールビーの乳幼児施設での調査である。乳幼児にとっては、母親の存在はもっとも安定した依存対象であり、母親を失うことは最大の悲しみになる。死別によって、または遺棄されることによって乳幼児施設に入所することになった子どもの「母親喪失」の反応を調査したJ・ボールビーは、乳幼児には三段階の反応があることを明らかにしている（表3）。

自ら積極的に周囲への働きかけができない乳幼児にとって、対象喪失の現実を変えることはできず、状況を受け入れざるをえない。そうした選択しかできない中で、不安感、悲しみは、やがて対象喪失の事実を受け入れていくことになる。あれほど求めていた母親への関心を失い、忘れていくしかない乳幼児施設の子どもたちの悲しみと、心の傷はどんなに深いものであるかを、この調査結果を通して、筆者はあらためて考えさせられた。

子どもたちは、こうして新しい対象、自分が依存できる対象を発見しなければ生きていくことができないのである。

J・ボールビーの調査と重ね合わせながら、筆者の両親の夫婦関係と、その別れについて考察し

表３　乳幼児における対象喪失反応

第一段階	対象喪失に対する抗議と不安　必死に母親を取り戻そうとする パニックになる　不安感から食欲不振、不眠、情緒不安、身体的異常となる
第二段階	絶望と悲嘆　母親は戻ってこない（どうにもならない）と感じる あらゆる試みが無駄だと感じ、深刻な悲嘆に襲われる
第三段階	対象への関心を失う　母親への興味を忘れたようにふるまう 母親に代わる新しい対象を求め、発見する

てみたい。筆者の母親は、明るく活発な人で、父は逆にまじめで口数の少ない人であった。こうした性格の違いを、お互いに補い合う形で、二人は実に仲がよかった。

やがて、子どもである筆者たちも家族をもち、落ち着いて、これから両親はユックリとした老後を過ごそうとしていた矢先に、母親が癌で倒れた。予想もしていなかったので、父はショックを受け、嘱託で勤めていた会社も辞め、毎日、病院に通い詰めた。しかし、病状は改善せず、結婚四十七周年を祝ってしばらくして、母は亡くなった。

シッカリものの父であったが、実際に母親が亡くなると、いつもの父親の行動が信じられないくらいに動揺し、パニックになってしまった。

母親の側を離れず、葬儀の時も、すぐに自分も後を追うからと泣き崩れていた。

子どもや孫が必死に父を説得し、七回忌まではがんばろうと励まし続けたのであった。

やがて、父には幻覚、幻聴が起こり始めた。父の部屋に母が来ているといって、お茶を入れたり、筆者らには見えない母と親しそうに話し込んだりするようになったのであった。

父は、母が死んだことを受け入れられず、今も母と一緒に暮らしているという現実を作り出していたのである。こうした父に、孫たちが関わりをもつようになった。

父との入浴も孫たちがやってくれ、父が若い頃の昔話などもよく聞いてくれるようになった。そうした日常が続くうちに、一人で奥の部屋に閉じ籠り、幻の母と語り合っていた父が、居間に出てくるようになり、一緒に食事をし、筆者らとも孫たちとも語り合うようになった。食事時間も、父がいると笑い声がたえず、明るい雰囲気が戻ってきた。

父は、庭の手入れを自分の仕事と決めて、毎日草取りをし、一服入れると、近くの「デイケア・センター」に行くのを日課とするようになった。

そして、コツコツと自分の歴史をノートに書くようになり、孫たちに伝えることに意欲をもち始めたのであった。こうして、父は母の七回忌をすませ、眠るように他界した。

こうした父の七年間のプロセスを見ていると、悲しみが強ければ強いほど、人は泣いたり、怒ったりするし、パニックも起こすものだということがわかる。

そして、むしろそれは自然な行為であり、そうした行為（感情表現）を通して、事実を受け入れ、新たな自分のライフスタイルを作り出し、その中で「新たな対象」と、「自分の役割」を「発見」していくのだという気がしてくる。

そして、こうした「悲しみ」との関わりが、「癒し」の基本的な内容なのではないかという気もしてくる。むしろ、悲しみを悲しみとして感じられない、あるいは感じてはならないという「悲哀の抑圧」が、悲しみを排除する現代の心的構造なのかもしれない。(2)

(3)「癒し」のプロセス

これまでの考察で見えてきたように、「悲しみ」とは、それまで慣れ親しんできた「対象」との別れ、「対象喪失」が基本にあって、精神的な不安感から、新たな自分の生き方、暮らし方が見つからない「辛さ」の中で「苦しんでいる」構造全体をいうのだということが理解できたと思う。

そうだとすれば、「対象喪失」の事実を受け入れ、新たな「生き方」や新たな「対象」を見つけ出さなければならないのだが、人間は「肉体」をもって生れ、現実に生きており、食べられなければ「空腹」になり、怪我をすれば「痛み」に苦しむ生きものである。

したがって、慣れ親しんできた「対象」がいなくなれば、やはり悲しく、辛くなってしまい、すぐにどう対応すればよいのかという考えも浮かんではこない。

どうしても取り乱し、嘆き悲しむことになる。その感情をありのままに表現ができるかどうか、それが、その後の対応、および回復のプロセスの際には重要になってくる。

例えば、配偶者を失った場合、日本では人前では取り乱すまいと努力するし、感情を表現することも控えるようにしている。したがって、もし悲しみそのものとジックリ向かい合うことができなかったり、感情を表現できないとすれば、内面的な悲しみは封印されたままになってしまう。しかし、親族や親しい友人たちとの関係があれば、その中で、孤立することなく、支えられながらユックリと時間をかけて癒していくことが可能である。

死者との心理的な別れも、時間的に見れば「お通夜」「告別式」「初七日」「四十九日」「一周忌」「三回忌」「十三回忌」といった時系列で、徐々に癒されていくようになっている。そうした意味では、これまで配偶者と死別しても、配偶者との一体感を維持することが多く、再婚しない人が多い。一方で、他に支える人の少ない親族関係、友人関係であれば、配偶者の死は決定的な「対象」の喪失であり、衝撃は大きく、嘆きも激しくなる。そして、早急に新たな「対象」を見つけなければ空洞を埋めることができないので、再婚する人も多くなる傾向にある。

いずれにしても、長い人生の間には、親しくしていた人や環境、職場、仕事などから離れ、新たな関係の中で暮らさなければならない状況に何度となく遭遇するはずである。

そうした中で、自分と切り離せないほどの関係になっていた存在と、突然に、あるいは不可抗力で別れなければならなくなった時、人は、自分の全存在を否定されたように感じ、生きていく意欲すら失うことがある。

例えば、それは「戦争」や「民族紛争」、火山噴火、洪水などの「自然災害」、さらには交通や仕事上の「大事故」のような場合、悲しみはより大きくなる。

もし、こうした状況におかれ、しかも「悲しみ」や「怒り」を表現できない、してはならないと強制されたとしたら、人間は自らを否定するところまで、自らを追い込んでしまう。「悲しみ」を悲しみとして感じてはならない状況に追い込まれれば、人間は「悲しみを抑圧」する。そして、対象を失ったことすら否定し、対象と関わっていた自分自身の存在をも否定してしまうことになるのである。

それは、生きていることの否定である。感情を否定し、喜怒哀楽の感情を殺すことである。生きものである人間は、内面に渦巻いている「怒り」「悲しみ」「恐れ」「恨み」「不満」を安心してぶちまけなくてはならない。それは生きものとしてごくごく自然な排泄行為である。それらを否定的な感情だとして切り捨ててはならない。

表現してみて、はじめて自分が何を感じていたのか、何を言いたかったのかが分かってくるのである。「悲しみを癒すためにたいせつなものは何だと思いますか」という大学生のアンケートの回答として「一人でも安心して付き合っていける友だちや人がいること」「友だちに聞いてもらうと、言葉に出せるだけで癒されるというか、軽くなります」「誰かと共感して、分かってもらっているという安心感」「自分をいつでも迎えてくれる人と場所があること」という内容が多かった。

悲しむような出来事に遭った直後は、どうしても「なぜ自分だけが……」とか「自分が一番不幸だ」と感じることが多く、「他人を羨やむ」ことになってしまうのだが、そうした自分の感情を受けとめ、話を聞いてくれる人がいるだけで落ち着いてくるということは、経験上、確かにある。それは、「話す」という行為の中に、自分の感情を含めた思いを「放す」という要素も入っているからであろう。辛く悲しい思いが、内的世界から解き放たれて、他者に吸い込まれていく。そうすると「放した」人は軽くなっていく。一人で抱え込んでいた悲しみが、分散していく。こうした効果があるように思う。

あるいは、長い間、囚われていた深刻な悩みが自分から「離れ」解放されていくという面もあると思う。そうした意味で、「話し」には「放す」「離す」という役割もあるように思われる。さらに、聞いてもらうという行為には「聞く」「聴く」「利く」「効く」といった、単に話の内容だけでなく、感情や、心までを受けとめてもらい、癒されていく効果もあるのではなかろうか。

そして、悲しみを放し、そのまま消却するというのではなく、自分の思いや感情を解き放つということは、自分が「何を失ったのか」「何を求めているのか」という事実に向かい合わせてもくれる。身体の奥から溢れ出た「悲しみ」は、涙となり、泣いたり、どなったり、怒りをぶつけたりする行為になって表現される。

それは、少なくとも「タテマエ」ではなく「ホンネ」の部分と重なり合っている。

そうした「ホンネ」の叫びを受けとめてくれる環境があれば、何に怒り、何を悲しんでいるのかが、少しずつ見えてくる。自分の「ホンネ」と向かい合うことができる。

自分の中にある内的な欲求と「直面化」する貴重な機会が生まれてくる。

そう考えれば、事実と向かい合い、悲しみをジックリと悲しむことができれば、そこから新たな自分を発見できることになる。しかし、現代社会は、対象喪失による悲しみと向かい合うことができにくくなっている。自分にとって苦痛なもの、不快なものを排除し、快適なものばかりを追い求めるようにさせられている。当事者となって苦しんだり悲しんだりすることを避け、できるだけ他者と関わらず、傷つくことを恐れてしまう。

そして、対象を失った時の悲しみを回避しようとして、はじめから関わりをもたない。その結果、何ごとにも本気になれず、シラケ、無関心を装ってしまう。したがって、いつでも逃げられる距離に身をおくことになる。その意味では、現代は悲しむことを失ってしまった時代かもしれない。悲しみを体験することの稀薄な時代なのかもしれない。

しかし、自分にとって大切な対象を失うことを、あらかじめ避けてしまう無意識的な処世術は、結局は「からっぽになっていく自分」を拡大再生産していくことにもなる。

こうした現実は、自分の中に確かなものがなくなり、自分が一体何者なのかを、益々不透明にさせてしまう。

その意味では、我々は失うべき「対象」すら、既に失ってしまっているのかもしれない。その辛さの中で、他者を傷つけ、自分自身を傷つけ、閉じ籠り、摂食障害で苦しんだりしながら、自分を探さねばならなくなっている。

中学生の一人の少女は、両親の離別という悲しみの中で、身悶え、苦しみながら、家出、反抗を繰り返したが、心から話せる友人と出会い、自分が何を求めていたのかをつかむことができた。その少女が、後輩の少女に、次のような詩をつくって渡している。

「見せてみなよ　あなたの素顔　その冷たい瞳の中の過去　何を思いつめてるの
悲しいのは　あなただけじゃない　誰もが悲しい思い出をもっている
あなただけが淋しいなんて　思っちゃいけない　箱の中にしまっていた
悲しい過去を開いて聞かせて　あなたの文句でも　涙でもいい　ＹＯＵ　みんな
同じだね　あなただけじゃない　そんなところに閉じこもっちゃだめだよ
手をひいてあげるわ　怖いなら　出てきてよ　もっと強くなって　そして
見せてみなよ　あなたの素顔を　苦しみを知らずに育ったなんて　自慢になんか
なるわけない(3)」

「悲しみ」は、新たな自分と出会う貴重なチャンスである。悲しみの本質と向かい合うことが、生きものとしての人間をより豊かにするプロセスであり、それは悲しみからの癒しのプロセスでもあることを、筆者は実感している。

〔引用・参考文献〕

（1）　小此木啓吾『対象喪失〜悲しむということ』（中央公論新書、一九七九年）

（2）　野本三吉『父親になるということ』（海龍社、一九九九年）

（3）　野本三吉『風になれ　子どもたち』（新宿書房、一九九六年）

現代のエスプリ、№421（至文堂、二〇〇二年）

二　スクールソーシャルワークと社会資源

(1)　子どもに寄り添うということ

児童相談所の「児童福祉司」という仕事は、子どもソーシャルワーカーとも呼ばれており、その活動内容は最もスクールソーシャルワーカー（以下、ＳＳＷｒ）と似ているように感じている。そこで児童福祉司の業務との比較を通してスクールソーシャルワーク（以下、ＳＳＷ）についてまず検討してみたい。

児童福祉司は、各都道府県、政令都市などに設置された児童相談所に必ず配置されなければならない専門職員である。児童相談所には心理職、医療職、保育職など専門のスタッフがおり、それぞれの専門分野からの分析、考察を行ない、それらを総合して「処遇方針」を決定する仕組みになっている。つまり、児童相談所は一種のチームプレーを原則としているのである。

一般的には、児童心理司の担当する「心理診断」、医療スタッフ（医師、保健士、看護師など）の行なう「医療診断」、そして一時保護所の児童指導員、保育士の行なう「行動診断」、それに児童福祉司の担当する「社会診断」が提出され、児童相談所長、相談課長が出席する「診断（処遇）会議」によって、その対応方針が決定されていく。

この中でも「社会診断」がもっとも総合的なもので、子ども（本人）の生育史や家族の状況、経済状況を含めた生活全体の様子、さらには学校（幼稚園、保育園）での様子、地域社会の分析まで丁寧な実態把握がされている。ぼくも、横浜で児童福祉司として十年程、ワーカーをしており、この社会診断を毎日行なっていたが、子どもを中心とした社会環境を知る上でとても勉強になったと思っている。いわば総合的な診断である。この中心軸はやはり「家庭」あるいは「親子関係」にあったように思う。子どもの暮らしている社会的な背景（地域、学校を含む）と、その社会的関係についてては幅広く調査をするが、その中心は親子関係（家庭）である。したがって、最も多い相談は家庭（親）からのもので、親子関係の不適応、トラブルから発生した問題であった。

それに対してSSWrの相談の中心は「学校生活」にある。ここでは主に「教師と生徒」「生徒と生徒」の関係の中での不適応、トラブルが取り上げられる。

しかし、その対応の姿勢、また解決の方法を考えてみると、どちらの立場に立つにしても「子どもに寄り添う」という姿勢は変わっておらず、共通する面が多い。

児童福祉司は、まず「児童福祉法」「児童憲章」の基本理念に基づいて行動する。そして最近は、国際条約である「子どもの権利に関する条約」をもシッカリと押えた上で業務を行なうことになっている。

それに対してSSWrは「教育基本法」等の各種学校に関する法律もあるが、基本的には「ソーシャルワーカーの倫理綱領」を守りつつ仕事をすることが求められている。ここには、ソーシャルワーカー（以下、SWr）としての価値観やしたがうべき行動規範、義務などが明文化されている。この倫理綱領を基本にして、さまざまな分野のソーシャルワーク活動が展開されている。

例えば「医療ソーシャルワーク」「精神科ソーシャルワーク」「コミュニティソーシャルワーク」「産業ソーシャルワーク」「ファミリーソーシャルワーク」「施設ソーシャルワーク」などがあり、その中の一つとして「スクールソーシャルワーク」も存在している。

そう考えると、SSWは「学校」という場をフィールドとした「子ども（生徒）」の相談を受けながら、環境としての学校との諸関係を調整していく活動であるということになる。したがって、スクール（学校）というフィールド（場）で起こるさまざまな人間関係に対応しつつ、学校全体をも視野に入れた活動をしていくことと言い換えてもよい。そこには、一人の子どもの生活との個別な関わりを中心とした「ケースワーク」、友人やクラス、クラブなどの小集団内での問題を調整する「グループワーク」、そして学校や周囲の地域まで含んだ「コミュニティワーク」という伝統的なソーシャルワークの分野も活動の範囲に入ってくることになる。

また、そのためには丁寧な情報収集や調査活動（リサーチ）、さらには生徒が求めているニーズに合わせて学校の対応や組織を変えていく活動（アドミニストレーション）、さらには新たな対策や施策をつくり出す社会活動や行政や議会への働きかけをする活動（ソーシャルアクション）といった手法も必要になってくる。そして、こうした活動の基本は、学校で学ぶ生徒一人ひとりの思いや悩み、つらさや悲しみを受け止め、その解決を個々人の生徒に押しつけるのではなく、学校内の環境を変えることによって、つまり状況との関係を変えていくことによって悩みや苦しみを解消し、安心して学び暮らせる環境へと変えていくことにある。

このように、学校という場で不適応を起こし、学校に行けなくなったり、不満をぶつけたりする生徒をサポートするためには、学校という場を変えていくということが不可決の要素となってくるのである。

スクールカウンセリングのように、生徒の気持ちを受け止め、共感し受容することで、生徒自身の感じ方、生き方を変えることで学校に適応していくことに力点を置く方法と比べると、SSWには、ワーカーと生徒との関係による改善だけではない、もっと多様な広がりと関係の変革が求められているのである。

つまり、生徒自身と学校のシステム双方が変化しながら適応関係をつくっていくためには、多様な出会いと関わり、媒介が必要となり、そうしたサポートを与えるものとしての「社会資源」の活用が求められるのである。

したがって、SSWの仕事を行なうためには、数多くの、しかも多様な社会資源を知っており、状況やニーズに応じてそれらを活用し、その力を借りながら生徒と学校双方の関係がスムーズに展開するように調整をし、改革していく能力が必要なのである。

子どもに寄り添うということは、側で話を聴くということだけでなく、そこからさらに社会資源を活用しながら、子どものニーズに応えていくという役割があるのだということを確認しておきたい。

(2) ニーズへの対応と社会資源の開発

「社会資源」をイメージすると、「施設」や「団体」「機関」など固定した既存の建物や集団を思い浮かべてしまうのだが、もう少し広く「生きていく上で必要なものすべて」と考えてみると、身の周りにあるあらゆる存在が社会資源に見えてくる。もし「社会資源」を定義するとすれば「社会的ニーズを充足するさまざまな物資や人材の総称」（『社会福祉用語辞典』山縣文治他編、ミネルヴァ書房、二〇〇〇年）ということになる。

例えば、社会福祉の分野では、社会福祉施設、備品、種々のサービス、資金、制度、情報、専門的な知識や技術、人材などがそれにあたる。

ＳＷｒは、さまざまな分野でこうした社会資源とニーズとを調整させながら、サポートしていくのである。しかし、現実的には、ニーズに対応する社会資源は充分ではない。むしろ不足している。

その場合には、新たにニーズに対応する社会資源をつくり出す必要がある。量的にも、また質的な面からも新たな社会資源を開発することなしには、現実のニーズに応えることはできない。ＳＷｒには、こうした社会資源の開発、創造への働きかけも求められている。

つまり、生きていくために必要な制度や場所をつくり出し、実際に新たなサポートシステムを開発することまでも含めて、ＳＷｒはニーズに応える役割があると考えられるのである。

ここまで述べてきたことを、具体的な事例を通して以下に展開してみたい。

まず前提として、ある小都市の中学校に一人のＳＳＷｒが配置されていると仮定して事例をはじめたい。

事例

この中学校は、都市部にあり周囲には中小企業や下請の工場が多く、ここで働く人たちが暮らしている。

この中学校の二年生の男子生徒、Ａ君が不登校となった。はじめは家庭とも連絡がとれていたのだが、最近は連絡もとれなくなった。クラス担任の教師は気になって、相談室を訪ね、ワーカーに相談をした。

ＳＳＷｒは担任から詳しく事情を聴き、もう少し客観的な情報を知りたいと考え、クラスの生徒、それと入部していた卓球部の生徒にもＡ君のことを聴いてみた。すると、クラブにも参加し明るかったＡ君は数か月前から話にも加わらず一人でポツンとしていることが多かったとのこと。また入浴などしていないのか服も汚れ、不潔で少し臭いもあったという。そのことでクラスの男子生徒がA君のことを「バイキン」と隠で言うようになり、ときどき消しゴムや白墨を投げる生徒もいて、よくからかっていたという。また成績も落ち、クラスでのいじめもあったとわかってきた。SSWrはこれらの情報から早急に家庭訪問が必要と考え、クラス担任と一緒に訪問した。家にはA君と小学生の妹がおり、二人とも登校していなかった。

A君の話から父親の工場が倒産し、父は長期間の出稼ぎに出ていること。母親は幾つかのパートに出ており、家にはほとんど帰ってこれないこと。また母も体をこわし、帰ってきてもずっと寝ていることが多い。さらに電気、水道、電話も止まっており、食事もほとんどしていないということであった。家の中は汚れ、洗濯もしていない様子であった。

母親が帰ってくるという夕方、ワーカーは近くの熱心な民生委員と一緒に再度家庭訪問をした。このときには、民生委員の方が家族のために夕食のお弁当を用意し、翌日分の食料、飲料水も用意してくれた。この夜の話し合いで、民生委員の勧めもあり、母親は民生委員と一緒に翌日、福祉事務所へ行き、生活保護と医療受診の相談をすることにした。

福祉事務所では、厳しい家庭の事情を受け止め、すぐ生活保護が開始されることとなり、電気、水道等の再開が認められ、家族はホッと一息つくことになった。民生委員は、すぐ協力者を募り、家の掃除をしてくれ、とりあえず家の環境は戻ってきた。こうしたA君の家庭支援の中心は、福祉事務所のワーカーが担ってくれ、児童相談所、保健所、病院（医療ケースワーカー）との連携もとれるようになった。

次にSSWrは、学校内でのA君の受け入れ体制を調整する必要があることから、以前からA君の友人であった数人の生徒と会い、これまでの経過を説明し、意見を聴いた。生徒たちは以前から気になっていたが何もできなかったと反省し、学校での様子をA君に知らせに行くなどの活動がはじまった。

A君も出席日数等も気になっているが勉強が遅れていて恥ずかしいと言うので、SSWrは社会福祉協議会のボランティアセンターに依頼し、A君の学習ボランティア派遣を検討してもらえた。すぐに大学生のボランティアが決まり、A君の家に大学生が通いだし、妹と二人の相談相手になってくれた。

またクラスの友人たちは、A君が卓球部に戻りたいということを知って寄附を集め、A君にラケットをプレゼントすることになった。A君はこの申し出にビックリし、そして喜び、その数日後、SSWrに登校したいと連絡をしてきた。

そこでSSWrは、担任と友人が中心になってA君を迎えるためのクラスミーティングを開いてもらった。

また、こうした経過を職員会議で報告したところ、A君だけでなく、不登校にはなっていないが、会社の倒産または給料不払いのため苦しい状況の生徒が数人いること。そして不安を訴えている生徒がいることがわかり、学校全体として地域の問題も考えねばならないということがわかった。

福祉事務所、社会福祉協議会にこのことをＳＳＷｒから伝えると、この地域の公民館を使って、地域の親の話し合いを聞くこと、また中学生の学習支援と、居場所づくりのため公民館を開放してくれることになり、小・中学生の集まりも行なわれるようになった。

この中心には、民生委員、大学生のボランティアが参加してくれ、この集いにはみんなでお菓子や料理作りも取り入れられることになり、地域にも活気が戻りはじめた。

また学校では、生徒の生活を丁寧にチェックする必要があると考え、クラス担任が中心になって生徒との話し合いや、休んでいる生徒の様子を知るための努力も行なわれるようになった。学校全体が、学校を勉強の場だけでなく、お互いに助け合い支え合う場としてもとらえるようにしようという気運が少しずつ盛り上がり、職員室でも生徒のことが話題になることが日常化しはじめてきたのであった。

A君は、学校に登校するようになり、卓球部にも戻って元気に練習をはじめた。表情も明るくなり、以前のA君に戻りつつある。地域公民館での居場所づくりは、それから発展し「地域子どもセンター」として再出発しようという話で盛り上がっている。

さらに勉強だけでなく、音楽やスポーツ、映画などもできるようにしようと地域の人は意気込んでおり、老人クラブや婦人会も参加したいといっているという。こうして少年の不登校の問題が、学校と地域のあり方を少しずつ変えることになり、A君もこのことを通して自信を取り戻してきたのである。

(3) 社会資源としての地域

このように一つの事例として考察したA君に関わるＳＳＷｒの役割を振り返ってみると、社会資源の活用の大切さが見えてくる。

まずＳＳＷｒは、Ａ君の情報を得るためクラスの友人、卓球クラブの仲間に会っている。この友人たちは重要な社会資源である。そしてすぐ家庭訪問。クラス担任および民生委員も重要な人材としての社会資源となる。

さらに少年の家。Ａ君にとって家庭は最高の社会資源なのだが、会社の倒産によってその機能を果せなくなっている。この家族の再生が、大きな課題であった。そして、民生委員が家庭支援に大きな役割を果たしてくれている。

民生委員法には「常に住民の立場に立って相談に応じ」「必要な援助を行なう」のが民生委員であると規程されている。民生委員は研修も受け、各市町村には必ず任命され、活動していることになっている。全国に二十万人はいる貴重な社会資源である。この民生委員は、正式には「民生児童委員」といわれ、子どもの対応もしてくれる。

また、子どものことを中心に相談する「主任児童委員」と呼ばれる委員も配置されている。

いずれも子どものいる家庭を支援するため、身近な地域にいる方々である。したがって、関係ができれば日常レベルでのサポートには極めて有用な社会資源ということができる。

この事例の場合、病弱な母親のサポートをするため、掃除や洗濯、炊事まで手伝ってくれたけど、A君や妹も受け身だけでなく、母親を手助けしていくことで家事能力ができるように成長することも可能である。

また、社会福祉協議会とボランティアセンター、そして大学生のボランティア。こうした機関や人材が活用できることは、A君の家庭にとって極めて有効であった。さらに、地域にある公民館の存在も大きい。地域の人々が集まり話し合うための場所が最近はなかなか見つからないのだが、公民館は地域の共有財産、社会資源である。この場で地域の人々が共通に悩んでいる問題を話し合い、その解決の方法が探られていく。この場を「地域子どもセンター」に発展させようという動きは、一つのソーシャルアクションである。

そして、この事例で何よりも重要だったのは、A君の家庭の経済的破綻、貧困問題をどう切り抜けるかという課題であった。事例では、民生委員がその専門的知識から、すぐ福祉事務所へつなげてくれている。福祉事務所では、生活困窮した世帯に対し、一定の条件を満たせば生活保護法を適用して「生活保護費」の支給をしてくれる。また、医療を受けたくても受けられない人のために「医療給付」も行なっている。

A君の家庭は、この生活保護法という制度によって衣食住、そして医療という最低限度の生活を保証されたのである。この事例のように、多くの学校における生徒の不適応、トラブルの背景には生活困窮、経済的貧困という問題が大きく横たわっている場合が多い。その場合、生徒の話を聴くだけでは状況はなかなか変わっていかない。生活の安定があってはじめて生徒は、自分の課題と向き合うことができるのである。

その意味で、ＳＳＷｒといえども社会保障制度、なかでも生活保護法や種々の教育補助についての情報については日頃から知っておくことが必要である。法律や条令を読んでいるだけではわからないので、直接福祉事務所を訪ね、具体的な内容や条件について、教えてもらうことも大切だし学校へ担当者に来ていただき、教師も含めて研修会を開くのもよいかもしれない。

こうした制度や法律については、そのほかにも家族法や保険法、民法など生活に関わるものは幅広く存在している。一つひとつのニーズに応じ、また事例に対応する形で情報として、これらの社会資源を学んでおくことも重要である。

さらにこの事例で重要なのは、Ａ君を中心としたクラスの人間関係についての問題がある。Ａ君の家族状況について知らなかったクラスの仲間は、Ａ君の表面的な変化を見てからかったり、いじめたりしていたのだが、Ａ君の友人たちを中心にしてＡ君の現実を知り、自分たちにも同じようなことが起こりうると感じ、Ａ君を励まし支えようとした仲間の活動があったことは大きい。寄附を募りラケットをプレゼントしていく行為の中には、Ａ君を他人事として見ていない仲間意識がある。クラス討論の中で正確な情報が伝わり、ほかの会社も倒産する不安や危険があることもわかってくる。

こうした現実は、学校全体にも情報として伝わり、担任教師は休みがちの生徒の家を積極的に家庭訪問をするようになり、その結果を職員会議で報告し、学校全体としてこの課題に取り組むようになっていった。

これらの一連の行為は、一人の少年に起ったことを、個別特殊なこととして扱うのではなく、その背後にある原因を見つめ、不登校になっていく構造を明らかにしていく活動があってはじめて可能になったことである。

ここにはＳＳＷｒの活動の一つの典型があるように思われる。個別具体的な出来事に寄り添いつつ、その全体像、社会的背景にも目を配りながら対応策を考えていく視点がＳＳＷｒには必要なのである。そしてＡ君とクラス全体、さらには学校全体が共鳴現象を起こしつつ、変化していく。

Ａ君は少しずつ安定し自信を取り戻し、他の生徒や教師は、Ａ君を特別のことでなく、誰にでも起こりうると知ることによって、支え合うことで乗り越えていく態度を身につけていく。もしＡ君が不安や危機感を外に向け、非行化、暴力化したとすれば、警察署や家庭裁判所、調査官や弁護士といった機関や人とも関わることになるがＳＳＷｒの関わり方は同じである。

いずれにしても生徒が暮らしの中で関わるすべてのものが社会資源になりうる可能性を秘めているということである。個人とその環境の双方が生き生きと交流し、その関係をよみがえらせるように調整していくのは、ＳＳＷｒの力量にかかっているということを忘れてはならない。

(4) 関係の回復と地域力の再生

ＳＷｒは、生活のあらゆる場面で起こる不適応、トラブルについて、その個人と環境との関係性に注目し、その双方に変化を引き起こしながら関係調整をしていく仕事である。したがってＳＳＷｒは学校という場で引き起こされる不適応、トラブルに関わるという役割をもっている。とすれば、次に「学校とは何か」という問題について一定の見解をもっていなければならない。

イヴァン・イリイチによれば、近代化された「制度としての学校」が設立されて、それまでのどこでも自由に学べ、教え合えた段階から、学校に行かなければ学べない、教育されないという選択の余地のない段階へ入ったと考えている。つまり学校は、国家により組織された特有の制度であり、子どもは学校でのみ教育されるシステムが完成したことになる。子どもの教育に関する社会的機能は国家によって集中的に管理されるようになり、社会も徹底して「学校化」されるようになったとイリイチは言う。

イリイチの指摘は、現代学校数育の本質をついており、子どもは「生徒」となり、受け身になり「教えられる存在」となってしまったという側面をもっている。その結果、生徒は、学校数育の中で自ら創造し、行為する自律的な力を麻痺させ、あらゆる解決、対応を専門家のサービスに求めてしまうようになったという指摘もうなづける。こうした側面を強くもちながらも、学校は生活の場でもある側面をもっており、学校の中で子どもたちは出会い、遊び、そして学び合い交流するという場面も存在している。

ＳＳＷｒは、こうした二つの矛盾した、あるいは対立した面をもつ学校空間の中で引き起こされる葛藤やドラマを受け止め、生徒ではなく子どもとして生きる側面（つまり後者の内容）をより充実し、拡大していく役割を担っているように考えられる。

一人ひとりの「子ども（生徒）」に寄り添い、その思いやニーズを受け止め実現していくという活動は、学校のもっている人間的な生活（暮らし）の側面を大事にし保障していくことにもなる。つまり近代学校により制度としてつくられた学校システムを人間の生活場面でもあるとして、再構成していくという内的な変革を目指しているということでもある。それは近代学校以前の、人と人との自然な関係、自然な営みを取り戻し、学び合い育ち合う生活スタイルを復活させるということでもある。

スクールカウンセリングが、近代学校制度を容認した上で、生徒を適応させていくことに主眼を置くとすれば、ＳＳＷｒは、学校のシステムを市民の側に取り戻し、支え合い助け合う相互扶助の関係に変えていこうとする立場である。

もう少し明確に言うとすれば、子ども（生徒）一人ひとりを自律的存在として回復させ、学校も国家的教育装置から市民の共生共育的関係へと変えていく役割をもつということである。

したがって国家は既成の学校観を維持しようとするかぎり、「スクールソーシャルワーク」を導入したがらない。ともに学び、ともに生きる関係づくりを目指す「スクールソーシャルワーク」に危機感をもっているのである。

しかし、先の事例でみてきたように、社会階層の格差の拡大の中で、エリートと一般市民、さらに下層へと選別する構造をもたされた学校の中で、いじめや排除、差別といった形で階層分断が起こっている。そうした中で、不登校になっていった少年をクラス全体で支えていく行為は、一つの可能性を示している。

ＳＳＷｒの介入によって、クラスの子ども（生徒たち）も、同じように下層化していくかもしれない不安の中で、ともに生きていく仲間を支えていくという生き方への転換が起こる。それは、学校システムを越えていく可能性である。

そして、この事例からもいえることだが、重要なのはこうした学校内での関係性回復のプロセスには、子ども（生徒）の暮らしている地域社会での関係性の変革を抜きにしては成立しえないということである。中小企業や工場の倒産という現実が、市民の中でどのように共有され克服されていくのかという生活の課題、地域の課題とシッカリと向き合わなければ、本質的、根本的な解決はありえないということをこの事例は示している。

ソーシャルワークとは、依存的、他律的な生き方から、一人ひとりが主体的、自律的な生き方へと変わっていくことを通して、生活の中に希望や可能性を切り開いていく実践のプロセスなのである。そのためには、どうしても生活の根としての地域から豊かな関係性を取り戻し再生していかなければならない。

こうした中で、はじめて学校生活の変革も可能になってくる。

そう考えると、ＳＳＷｒにとって、最大の社会資源とは、地域そのものであることがわかる。地域の人たちと親しく交わり、一人ひとりの市民が何を望み、どのようなニーズをもっているのか。こうした日常的な交流の中でつかんだものを視野に入れながらでなければ、子ども（生徒）に寄り添うことも、近代化された学校システムと向かい合うこともできない。

こうした大きな前提に立った上で、さまざまなニーズに対応するためにつくられた専門的な機関、組織、施設、グループ、団体などを活用し、子ども（生徒）を支えていくことが当面の課題となる。とくに地域の中で、ＳＳＷｒと同じ発想で、子どもに寄り添う活動をしているＮＰＯ等の市民グループの活動があるとすれば、お互いの情報を交流していくことも必要である。現実の学校を市民の側に近づけようとする活動と、学校の外にもう一つの学びの場、育ち合いの場をつくり出しているグループとの交流は、これからの一つのあり方だと思う。

そこで、ぼく自身は、沖縄県内で子どもと関わっている人たちとともに「沖縄子ども研究会」を設立し、その相互交流を通して、新たな地域の再創造をしたいと考えている。

そして、市民グループともつながりながら「地域子どもセンター」をつくりたい。その中で、「スクールソーシャルワーカー」は、生き生きと活動できるはずである。

スクールソーシャルワーク論（学苑社、二〇〇八年）

三　福祉の視点からの子どもの援助とチーム援助

(1) はじめに

現代社会のさまざまな矛盾が子どもや子どもが育つ家庭に直接的に及んでいるため、それらの課題が学校にももち込まれるようになっている。そのため、学校内で子どもたちの問題に対応しようとした場合、教員の力だけでは解決できない状況になっている。こうした現実を背景に、福祉の視点から子ども支援の課題について考え、その対応策について考察してみたい。

まず、子ども家庭福祉の原点には「児童福祉法」があり、その前提として「児童憲章」、さらに国際的には「児童の権利に関する条約」があることを知っていただきたい。

児童は、人として尊ばれる。
児童は、社会の一員として重んぜられる。
児童は、よい環境のなかで育てられる。

（「児童憲章」）

国及び地方公共団体は、児童の保護者とともに、児童を心身ともに健やかに育成する責任を負う。

（「児童福祉法」第二章）

締約国は、自己の意見を形成する能力のある児童がその児童に影響を及ぼすすべての事項について自由に自己の意見を表明する権利を確保する。

（「児童の権利に関する条約」第一二条）

まとめてしまうと、子どもが心身ともに健やかに育つために、保護者、地方公共団体、国が一緒に力を合わせて協力するということがこれらの法や条約には書かれている。そのためには、子ども自身の意見を聴くことが大人社会の責任とされているのである。

学校教育を中心にして、子どもの権利を保障していくことを考えると、安心して通学し、学べるという環境を整備することになる。もし、こうした環境が崩壊し、子どもが登校もできず、学ぶこともできなくなった場合、教員はどのような支援ができるのかというのが、本稿のテーマである。

子どもにとって、基層部分に当たるのは家庭生活で、もっとも一般的な危機は、家庭生活が崩壊することである。たとえば、保護者である親が病気になったり事故にあった場合。あるいは失業したり、離婚したり、最悪の場合は亡くなった場合が考えられる。

つまり、子どもにとってもっとも大切な家庭がその機能を果たせなくなるという状況に陥ったとき、学校や教員に何ができるかということである。先ほどの「児童福祉法」によれば、自治体や国が支援することになっている。

その第一線の相談機関が児童相談所である。その意味では、児童相談所の機能と役割について教員は知識をもっていなければならない。

児童相談所は各市町村に設置され、全国では百七十余ヶ所が開設されている。児童福祉司（ケースワーカー）や心理判定員、医師、保健士ほか、児童指導員など専門職員が配置され、一時保護所も置かれている。住む家がない子どもたちを保護する生活空間で、子どものシェルターである。また、長期的に家庭を失った子どもたちには、各種の児童施設が用意されており、その施設入所の権限（措置権）も児童相談所にはある。さらに里親委託も行なっている。

児童相談所では、さまざまな福祉、医療、司法機関ともネットワークを組んでおり、福祉事務所、保健所、病院、裁判所、警察署とチームワークを組み、子ども支援の活動を行なっている。また軽度の相談であれば、福祉事務所にある「家庭児童相談室」が対応してくれる。さらに地域には民生児童委員と主任児童委員が配置されており、日常的な相談と支援活動が行なわれている。

したがって、子どもに対する福祉的視点からの支援が求められたときには、何よりも児童相談所との関わりが必要になる。日常的な相互交流、情報交流が行なわれていれば、この関係はスムーズに行くはずである。以下、具体的な事例をもとに検討してみたい。

(2) 生活困窮に陥った場合の事例研究

明るく元気な小学四年生の少年A君は、父親との二人暮らし。父親は母親と離婚し、A君を引き取って工場で働いていた。

これまでは順調であったが不況の波の中で小工場の経営は厳しく、父親は連日の残業で必死で働いていたが、ついに体調を崩し、家で休むようになる。休みが続き、給料は少なくなり、会社側はやめてほしいと言っているらしい。こんな状況の中で、A君は学校を休みがちとなり、給食費や学用品代も支払えなくなってきていた。

心配した担任教員は家庭訪問し、厳しい家庭状況を見て、どのように支援してよいか迷っていた。父親は、家のことは何とかするが、学校にかかる費用を支払うことが難しいと言う。

日本の小・中学校は授業料、教科書代は無償なのだが、学用品や体育着、学級費などさまざまな出費があり、小学一年生でも年間十三万三千円余りが必要になる。中学校では二十五万円はかかるという。

担任は、学年主任とも相談し、「就学援助制度」を活用するため事務職員に協力を求める。就学援助制度は、市町村に実施義務があり、国が学校の設置者である市町村に援助するというもの。

この法律は経済的理由によって、就学困難な児童及び生徒について学用品を給与する等就学奨励を行う地方公共団体に対し、国が必要な援助を与えることとし、もって小学校及び中学校並びに中等教育学校の前期課程における義務教育の円滑な実施に資することを目的とする。

（「就学援助法」第一条）

事務職員の協力で書類を整え、申請すれば就学援助は受けられる。これで一つの課題はクリアできた。

この対応で、A君も元気になり父親も回復して、他の会社での仕事が見つかれば安心なのだが、父親の体調が回復せず、より悪化したり入院しなければならない状況になることもある。

まず、父親が仕事に復帰できないとすれば生活に困窮するので、福祉事務所で「生活保護法」の申請をする必要がある。最低限度の生活が維持できないと福祉事務所で判断されると、「生活保護法」により、金銭および現物による給付が行なわれる。保護の種類には次の八つがあり、要保護者の必要に応じて単給または併給として行なわれる。

・生活扶助　・教育扶助　・住宅扶助　・医療扶助
・介護扶助　・出産扶助　・失業扶助　・葬祭扶助

父親の場合、医療扶助と住宅扶助、そして生活扶助が受けられる。また、A君がいるので教育扶助の支給も受けられる。小学生の教育扶助は月額で二千百五十円。そのほかに、給食代、交通費も出る。学級費、ＰＴＡ会費もあれば、月額六百十円も出る。こうした教育扶助の内容と金額も教員は知っておいてほしい。

もし、父親が通院で自宅での生活ができるのであれば、生活保護費の受給で物理的には安定する。しかし、父親が入院することになれば、Ａ君を一人で家においておくことはできない。この場合は、児童相談所と相談のうえ、一ヶ月ほどは一時保護所で生活し、その後、児童養護施設へ入所することになる。

児童養護施設は子どもたちが集団生活をすることになるが、Ａ君の家庭にかわる生活の場となり、施設長等の指導員が親にかわってＡ君の世話をすることになる。そしてＡ君は、施設の近くの小学校へ転校することになるのである。

つまり、福祉的視点の立場から見ると、子どもの生活する家庭が崩壊した場合、あるいは保護者が子どもに対して暴力をふるうなどして、家庭としてふさわしくない場合、保護者にかわって、自治体や国が生活の場を保障することになる。あるいは、家庭を支えるための経済的な支援をすることを指す。

いずれにしても、子どもたちが安心して成長するための環境を整えることであり、教員として、児童福祉の内容については知っておいてほしい。

(3)「要対協」への参加と地域での支援

子どもたちの健全な成長を保障するために、これまでさまざまな対策が立てられてきたのだが、子どもや家庭を支えるには地域社会での協力が必要であるという結論にまとまりつつあるのが最近の方向である。

支え合いの内容は大きく「自助」「公助」「共助」の三つに分けられる。自助とは、自分の努力によって苦難を乗り越えていくことである。公助とは、「生活保護法」とか、就学援助制度等のように、公的な機関や制度、法律で支援することである。それに対して共助とは、生活をともにしている人たちが力を合わせ、ともに支え合い助け合うことである。

地域の人々の支え合い、これが福祉の基本ではないかという考え方が現在強くなっている。地域社会のさまざまな機関が協力して子育てのシステムを構築する。それが「要保護児童対策地域協議会」(略して、「要対協」)である。

かつては、虐待の防止対策として地域の連絡協議会がつくられたのだが、その枠を広げて「要保護児童」に対象を拡大し、地域の連携により、役割を分担していこうというのが発想の基盤にある。市町村によって多少の違いはあるが、家庭児童相談室または児童家庭課がまとめ役となり、子ども支援のネットワークをつくりあげている。月に一回程度の定例会のほか、臨時の会議もよく開かれている。参加している機関は次のようになっている。

・児童相談所　・福祉事務所　・保健所　・警察署　・保育園　・幼稚園　・小・中学校　・教育委員会　・社会福祉協議会　・病院　・民生児童委員（主任児童委員）・学童保育所　・家庭児童相談室　ほか

このほかには、保護観察所、保護士、ボランティア団体等も参加しているところがある。学校の立場からすれば、積極的にこうした地域協議会に参加し、福祉的サポートについては学校と協力してもらうよう働きかけることが大切だと思われる。

学校教育は、教室の中だけで展開できなくなっており、地域とのつながりの中で子どもたちをサポートしていかなければならない状況になっている。

二〇〇九年度の日本の貧困率が、厚生労働省によって発表された。それによると、日本の貧困率は十五・七％。戦後初めて公表された子どもの貧困率は十四・二％ということである。全国平均で見れば、七人に一人が貧困であるということになる。一クラスに数名は生活困窮で苦しんでいる子どもがいるという現実がある。地域によっては四人に一人、三人に一人という場合もありうる。

だとすればこうした現実の中で苦しみ、学ぶことに集中できない子どもたちをサポートする役割が教員にあることも確かなことである。可能であれば、学内での研修会に、福祉事務所や児童相談所、家庭児童相談室の職員（ケースワーカー）を呼び、学習会をすることも必要になっているのではないか。また、地域の民生児童委員の方々との交流会や情報交換会も必要だと思う。

教員の役割には、これまでの教育学、教育心理学から、社会福祉論、生活保護制度論など、福祉の知識も必要になっている。教員の必須科目に、教育福祉論といった教育と福祉を重ね合わせる分野も入れる必要がでてきているような気がする。

〔参考文献〕

・子どもの貧困白書編集委員会『子どもの貧困白書』（明石書店、二〇〇九年）
・就学援助制度を考える会『就学援助がよくわかる本』（学事出版、二〇〇九年）
・岡部卓『福祉事務所（ソーシャルワーカー）必携』（全国社会福祉協議会、二〇〇三年）
・山縣文治（編）『よくわかる子ども家庭福祉』（ミネルヴァ書房、二〇〇二年）
・内閣府『子ども・子育て白書』（二〇一〇年）
・野本三吉『沖縄・戦後子ども生活史』（現代書館、二〇一〇年）
・沖縄子ども白書編集委員会『沖縄子ども白書』（ボーダーインク、二〇一〇年）
児童心理、№927（金子書房、二〇一一年）

第Ⅳ章　学びと暮らしの場づくり

一　アジール的空間の創造――コミュニティの役割・再発見――

Ⅰ

現代における青少年間、特に青少年の犯罪や非行に関する問題を考える場合、あらためてラベリング理論を問い直してみたいというのが私自身の課題である。

言うまでもなく青少年の犯罪や非行は、触法行為と総称されるように社会的規範、社会的秩序（ルール）に対する逸脱行為であり、その故に少年院や教護院、または少年鑑別所へ補導という名目のもとに入院（入所）させられることになるのである。

さらにその前提として、家庭裁判所において、青少年の行為に対する一定の判断が下され、少年は、自らの罪を反省するという場面が見られるのである。

こうして、社会的逸脱行為（犯罪、非行）に対して、自らの生き方を反省し、修正した後、一定の期間を経て、少年は社会へ復帰することになるのである。保護観察所を経由し、多くの場合、この段階で保護司の方々が青少年と面接し、その後の生活を見守り相談にのることになるのである。

しかし、多くの青少年は社会復帰をしたその日から、周囲の人々の視線に敏感に反応し、「まわりの人が自分を少年院帰りだと見ている。対等の人間として扱ってくれていない」と不満をもらしているはずである。

こうした社会との関係は、実は青少年が逸脱行為に及んでしまったプロセスとまったく同じ構造なのである。

一般的に言えば「P」（非行、犯罪）と「S」（評価）の関係は、（P1→S1→P2→S2→P3…）という形で展開している。

つまり、非行行為があって、それを周囲の人々が見る。そこであの少年は不良だという評価が立つのである。つまり、この「P」と「S」の相互因果性は、常に「P」（非行）を起点として考えられているのである。

犯罪や非行「P」は、社会的・文化的要因、あるいは家庭的な要因などによって引き起こされ、社会からの評価「S」は、その結果としてなされると考えられているのである。

しかし、もしこの分析の視点をずらし、原因と結果を逆にしてみるとしたらどうであろうか。いわば、社会的な評価「Ｓ」によって、つまり「Ｓ」を原因として「Ｐ」が成立してしまうという構図が成立してしまうと考えれば、これまでの相互関係、因果関係は全く逆転してしまうのである。

周囲の人々から「あの子は、不良なのよ」という噂、または評価がいつのまにか、その少年に定着したイメージとなり、このイメージの中に少年自身も封じ込められ、必然的に地域での行事にも集団行動にも参加できない精神的状況が生まれ、そこから逸脱者としての少年の行動が生まれてきてしまうという関係の逆転現象である。

これが、いわばラベリング理論である。

この理論をもう少し日常生活の上にまで拡大すると、逸脱者は社会の視線がつくり出すということになる。社会的評価や視線とは、社会における規範（秩序）から生じているもので、この社会的規範が強化されればされるほど社会的逸脱者を生み出しやすくなるということになる。つまり、社会的な統制や管理を厳しくすることが、より逸脱者を増加させるという論理になるのである。

一般的に言えば、犯罪や非行が起こるのは社会的統制がゆるんでいるからだと考えられ、より一層統制を強化しなければならないと考えられている。「社会集団は、それを犯せば逸脱となるような規則をもうけ、それを特定の人々に適用し、彼らにアウトサイダーのレッテルを貼ることによって逸脱を生み出すのである」というＨ・Ｓ・ベッカーは、少年や犯罪者を矯正しようとして、善意の気持ちからであっても強制的に指導や補導を行なうことは、結果としてより一層「逸脱化」を促進することになると述べている。

私自身が、こうしたラベリング理論を再評価したいと考えているのは、これまで述べてきたラベリング理論を、逸脱者に向けての、いわばマイナスイメージのものではなく、逆にプラス方向への評価として行なわれたとしたら、さらに逆の現象が起きるという意味から重要視しているからである。

「あの子は、この町のために実によい働きをしている」という評価が、その少年をそうしたイメージによって育てあげるという効果である。これは、ローゼンタールの主張した「ピグマリオン効果」と呼ばれるものである。どちらにしても、周囲の人々、他者の評価は、少年の行動や生き方に実に大きな働きをもっており、それは地域社会としてのコミュニティの役割の再評価を促すことになると考えられるのである。

II

青少年期を別の角度、つまり人間の成長のプロセスの中で見ると、自己の確立期であると考えられる。一言で言えば、これまでの親や教師など「おとな」に従属してきた生き方から脱して「一人立ち」をしたい、「自立したい」という欲求が生じてきている時期と言えるのである。

そして、こうしたアイデンティティを実現するためには、これまでの自分の生き方を否定しなければならない。言葉を替えれば、これまでの認識を改め、社会を否定するところから出発しなければならないのである。

したがって、青少年期（思春期）は、社会的逸脱という行為は、むしろ必然的なものであるとすら言えるのである。

こうした青少年を迎え入れる地域社会は、どのようなものでなければならないのであろうか。周囲の評価に敏感になっている少年にとって、他者の一言は予想以上に大きな影響を与えることは間違いない。

もしそれがマイナスの評価であり、排除するものであれば、少年はそのつくりあげられたイメージに封じ込められてゆくことになる。つまり、少年の犯罪も非行も地域社会、コミュニティがつくり出していくことになってしまうのである。

だとすれば、少年自身が心から反省し、さまざまな施設で反省の日々を送って地域社会に戻ってきた時、少年にとってどのような地域社会が望ましいのであろうか。

もし、以前と同じコミュニティであるとすれば、以前とまったく同じコースをたどりつつ少年は逸脱者になってゆくはずである。

そうなってゆく必然性もあると考えられるのである。

文化人類学の発想の中に「アジール」という概念がある。アジールとは、砂漠の中に点在する「オアシス」のように、ユックリ休み、休息できる場所である。

砂漠における暑い太陽光線を避ける緑の木々があり、乾きを癒す水もある。そして食べものもある。こうした状況の中で人間は安心し、ありのままの自分をさらけ出すことができる。そして、心身を癒すことができると、人間は再び歩き出したいと思う。

あの厳しい砂漠の中の旅に出て、目的地へ行きたいと思うのである。

少年たちにこのアジール論をあてはめてみると、砂漠とは、現実の社会生活のことになるのであろうか。そして、現実の社会生活で疲れ切った時、安心し休める場とはどこであろうか。普通には、アジールとは家庭である。しかし、家庭が安息の場でないとすれば、それ以外にそうした場を求めなければならない。

ここで言うアジールとは、必ずしも場所のみを現わしてはいない。場に象徴される関係のことである。つまり、他者と関係を含んだ空間なのである。

その意味で、退院（所）少年を迎え入れる保護司という存在は、少年たちにとって大きな存在であり、ここで述べた「アジール的空間」であることが求められていると思われる。そして、こうしたアジール的空間をより確かなものにするためには、保護司さん一人だけではなく、同じような関係で迎え入れる人々の輪をつくりあげる必要がある。

現状の中で考えられるのは、若く少年たちの兄や姉にあたる「ＢＢＳ」の青年たちの協力を得ることである。

年齢的にも近く、少年たちのアイデンティティについても理解のある「ＢＢＳ」の集団があればあるほど、アジール的空間はより厚みを増してゆく。

そして、そうした人間関係の中で、少年たちに対する評価を一つ一つ修正し、プラスの方向へふくらませていくことである。

コミュニティは現在、どこでも若いエネルギーを失って沈滞している。お祭りでもボランティア活動でも、既成の社会秩序をつき破るような若々しい活力を求めているのである。その渦の中で青少年のエネルギーを活用し生かしていく援助をしていくことが、結果として地域社会にとっても、また青少年にとっても新しい展開と展望を切り拓くことになると私自身は考えている。

つまり、青少年の犯罪、非行の問題は、いかに取り締まるのかといった発想から自由になり、いかに青少年のエネルギーを地域社会の中で生かすのか、と考えていった時、これまでマイナスの方向にのみ向っていたさまざまな問題が一挙に逆転してプラス方向に動き始めるはずだと考えられるのである。

その意味で、保護司という仕事は青少年を受け入れるアジール的関係をつくりあげながら、一方でコミュニティ創造のコーディネーターとしての役割と力量もまた求められているのが現代の課題であるという気がしてならないのである。

厚生保護、第47巻6号（法務省保護局、一九九六年）

二　地域や学校に多種多様な〝学びの場〟をつくりだす

たくさんの仕事の中で一人前になること、大人と子どもの学びあい・教えあい

かつて柳田国男は、子どもが大人になっていくことが教育の基本であると言ったことがあります。そして「大人になる」ということは「一人前になる」ということだと言うのです。つまり、どんな親でも子どもには「一人前になってほしい」と願っており、その願いを実現するのが「教育」だというわけです。

一人前になることのなかみは「一人前に仕事ができるようになる」ということです。

楠原彰さん（國學院大学教授）が書いているように、学びの場は「学校」だけではありません。農業・漁業・林業、さらには大工・木工・左官、機械製造や整備、医療・介護、スポーツ・音楽・芸術・宗教とあらゆる仕事の場があります。その中で、一人前に仕事ができるようになるためには、それぞれに長い間につくりあげられた方法や技術、知恵があるはずです。そして、たくさんの仕事の中から、あんな仕事をしたいなあと思う子ども（青年）たちと、後継者を育てたいと思っている大人とが出会い、そこで一人前になるための「教え」と「学び」、つまり「教育」が始まるわけです。それは即「生きる技」「生きる力」の伝達になっていくことになり、生活がそのまま学びの場になっていくようなトキメキがあります。

今、自分から学びたい、教えたい（伝えたい、育てたい）と思っている「子ども」と「大人」の出会いの場が切実に求められているのではないかと思います。人間にとって、もっともロマンのある、そしてやりがいのあるこうした出会いが、すべて「学校教育」の中だけに押し込められ、閉じられた空間の中で行なわれているために、子どもも大人（教師）も生きるための情熱を失っているような気がするのです。

子どもたち自身に一人前になっていくプロセスを選択する自由をもっと与えるべきだとぼくは考えています。そして、子どもを一人前に育てたい、鍛えたい、伝えたいと思っている大人たちも、そうしたチャンスを思いきり供給すべきだと思うのです。

こんなにすてきな出会いとやりがいのある仕事を「教師」に独占させてしまったところから、さまざまな問題が起こってきてしまったとぼくは考えています。

教師をやめて発見したこと、生活があり、仕事があれば、そこは学びの場

三十数年まえ、ぼくが小学校教師になったときには、教師という仕事がとっても魅力的でした。そして、ぼくは夢中で子どもたちと付き合いました。三年目くらいまでは楽しくて楽しくてなりませんでした。

けれど、ぼくはすぐに大きな壁にぶち当たりました。それは、教師という仕事は、具体的な何かを伝えていくという点では、きわめて貧弱な存在に思えてきてしまったということです。

たとえば、授業で農業のことや漁業、林業のことを教えるとして、一般論は伝えられても農民としての後継者を育てるという迫力も情熱も、ましてや技術や力量もぼくはもっていないのです。天文学や歴史や数学をやってもまったく同じことが言えるのです。

自分自身（教師）は、なに一つ具体的に子どもたちに本気で伝えたいと思っているものがない。つねに代弁者である不安がぼくにはありました。にもかかわらず、通信票をつけ、教師は子どもを評価してしまうのです。

ここには、生活の臭いもほんものの仕事の厳しさもありません。形だけ、知識だけの伝達はあっても、生きている実感をともなった伝達、教育がわき上がってこないのです。

それがつらくてぼくは教師をやめました。

四年半の教師生活に区切りをつけて、リュックを背に、ぼくは日本中を放浪して歩きました。酪農や農業、鉄工場、サンドイッチマンや日雇い労働などさまざまの仕事の中で四年あまり暮らしました。

そして、そこで出会ったすべての人がぼくにとって教師であるということを理屈ぬきで知ることができたのです。

なんだ、ぼくは学校の中にしか教育はないと思っていたけど、生活があり仕事があれば、そこは学びの場であり、人は成長していくんじゃないか。目には見えないけれど、毎日が教育そのものだったという発見が、ぼくにはありました。

目に見える学校教育にこだわっていたぼくは、むしろ「見えない学校」にこそ、ほんとうの教育があると実感したのだと思います。

「寿夜間学校」をつくり学んだこと、人と人とが支え合い交流するコミュニティー

のちにぼくは、横浜にある日雇い労働者の街、寿町で、生活相談員（ソーシャルワーカー）として仕事をするようになりますが、この街で、日雇い労働者である男たち、寿町で暮らす人々と一緒に「寿夜間学校」をつくることになります。この学校に通ってもなんの資格もとれるわけではないのに、いつもたくさんの日雇い労働者、町の人が集まりました。

そこでは、一人ひとりにとって切実な問題が話し合われ、みんなが求めている情報や知識、技術をもっている人が教師役となって力一杯、自分のもっているもの、伝えたいものを語るのです。自分の苦しかった人生を語る人、自分にとって忘れられない出来事や人のことを語る人もいます。また、法律にくわしい老人は、憲法や労働基準法の解説をしてくれました。

そんな講師の一人として楠原彰さんも参加してくれ、アフリカの映画の上映や、アフリカの人々の話をしてくれました。

このとき、ぼくはハッキリと自覚していました。寿夜間学校という場は、さまざまの人々が出会う場で、そこでの相互交流をとおして、参加している一人ひとりが、あしたからの生活に目に見えないエネルギーを受けとり、勇気や希望の灯をともし、うれしそうに帰っていく。だから、どんな

に疲れていても人々はやってくるのです。そして、もし教師役がいるとすれば、一人ひとりが求めているものを受けとめ、求めているものをもっている人とつなげていくというコーディネイターの役をするのだという発見でした。

つまり、人と人とが出会い交流する場を設定し、そこから新しい関係が始まるというドラマを準備する仕事、それが教師ではないかという気がしてきたのです。

もっと言えば、寿という街を人と人とが出会うことで耕やし、さまざまな空気や栄養を送りこみ、街そのものが生きる力を育てはじめ、地域がいのちをもって鼓動する、そうした地域の形成を目指す、街づくりの仕事をするのが教師ではないかという気づきでもあったのです。

それは、どこか農業にも似ているように思えました。種をまき、その成長を待つためには、成長し栄養を吸うための土が肥えていなければなりません。農民は土づくりをなによりも大切にするといいますが、教師も地域づくりを中心に据えなければならないのだという自覚がぼくには芽ばえていました。

したがって、教師という存在がいるとすれば、それは人に教えるということではないのです。むしろ、一人ひとりが学びながらさまざまな人と人とが結びつき、新たな交流が始まっていくという人の渦の中で、人と人とが支え合っていくコミュニティーを育てていくことが仕事になるのだと思えたのです。

阪神・淡路大震災で学んだこと、学校を開き、地域の人々のものへ

阪神・淡路大震災のときには、小学校が第一次の避難所になりました。地域の人たちが体育館や教室にはいり、肩を寄せあって眠り食事を分けあって食べました。子どもたちがその間を走りまわり、ごく自然に人々は出会い、いままで知らなかったお互いのことを語り合い、支え合うことができました。ぼくは、学校は本来、こうでなければならないと思いました。

ときどき、地域の人々が一緒に泊まりこみ、家族ぐるみで語り合い、地域のこれからやお互いの仕事や夢を語りあう。そんな交流の輪の中に子どもたちがいれば、子どもたちはさまざまな大人を見ることができます。さまざまな生き方を知ることができます。そんな出会いの中から、自分が学びたいと思う人と出会うかもしれません。

また、地域の人々も、いままではあまり知ることのなかった学校の中にはいり、食事を一緒につくり、トイレを使い、黒板に字を書いて説明しているうちに、学校がまるで自分の家のような気になってくるかもしれません。

いままで知らなかった子どもたちの一人ひとりが見えてきて、あの子に自分の仕事を教えてみたいと思うかもしれません。

パン屋や花屋、写真屋や本屋、そして床屋や大工さん、魚屋などがこうして後継者を見つけるかもしれないのです。

学校を開く、という考え方は多くの人から言われてきました。けれど、教師や教育委員会によって占有されつづけてきた学校空間は、なかなかその重い扉を開けようとはしませんでした。けれど、いま、子どもたちが苦しみ、無気力になり、荒れているのは、こうした多種多様な仕事をもち、さまざまな生き方をしている人々を拒絶し、排除してきた結果であるように思われてなりません。

多種多様な人々を学校に入れないという構造は、学校の中にいる子どもたちの多種多様さをも認めず、拒絶してきたことと重なるのです。子どもたちは、みな均一な存在と考えられ、同一のカリキュラム、同一の教科書で一斉に教えられることになります。

当然、一人ひとり違っているはずの教師の多種多様性をも否定され、教師のだれもが同じ顔をし、同じことを語るように強制されてきたのです。

やや極端に書いてしまいましたが、こうした構造は、学校に子どもたちを適応させる、学校に子どもたちを合わせるというシステムをつくってきてしまったことになります。ですから、この均一化・画一化に合わない子どもたちは、普通学級から排除され、特殊学級や養護学校に外されていくのです。

家庭的に恵まれない子どもたち、問題行動をおこす子どもたち、落ち着きのない子どもたちも同様に「児童福祉施設」へと送られ、おなじ学校には通えなくなります。あきらかに、学校に行かれなくなったり、問題行動をおこしたりする子どもたちは、こうした学校のこれまでのシステムに合わせることができず、一斉授業、画一授業についていけない結果としてのサインと見なければならないとぼくは考えています。

したがって、もし、これからの学校のあり方を考えるのであれば、子どもたち一人ひとりに合わせた学びと育ちの場に変えていかなければならないということになります。子どもにあった教育のスタイルをつくり出すほかはないのです。

そして、地域の大人たちが自由に学校の中にはいれる状態をつくり出していくことも必要になります。つまり、学校は地域の人のものであり、一人ひとりの子どもたちの場として根本的につくり変えられなければならないのです。

日本中にまき起こっていること、多種多様な学校・教育改革のこころみ

これまでは、そんなことを言っても実現するはずはないヨ、と一笑にふされておしまいでした。けれど『ひと』誌で見ていればわかるとおり、少なくとも日本の中だけでもじつに多種多様なとりくみが行なわれ、実際にいままでとは根本的に変わった学校改革・教育改革が行なわれてきているのです。

たとえば、福島県三春町で行なわれてきたオープンスクールの試みは、一九八〇年に三春町の教育長となった武藤義男さんを中心にして、地域と学校が一緒に考え合い、つぎの三つの目標を立てて改革を行なうのです。

①―創造的教育観の確立と教育内容・方法の改革
②―新しい教育を支える施設・設備の改革

③——地域住民の教育参加

そして、画一教育から一人ひとりに合った教育づくり、兵舎式校舎から暮らしの場（学びの場）へ、住民参加でつくる学校へと大きく変革を行なってきているのです。

数日間、ぼくも三春町を訪ねてきて「夢を育む教育」が現実に行なわれていることに目を見はりました。最近、『やればできる教育改革』（武藤義男他著・日本評論社）という本にまとめられましたが、子どもたちが自分の学びたいカリキュラムをつくって学ぶというスタイルがいま、実現しつつあるのです。

こうした、一人ひとりに合った学びをつくり、教師がそれを支えるという教育のスタイルは、障害児教育の中でジックリととりくまれ積みあげられてきています。

このスタイルを一般の学校の中にもとり入れ、同時に障害をもった子どもたちも一緒に学ぶというかたちで、障害のある子だけに行なわれていた一人ひとりの子どもに合った教育を創造していく学校のあり方を模索していく方向も各地で生まれてきています。

神奈川県の第二教育センターがまとめた「インクルージョンをめざした学校教育の改革」（一九九八年三月三十一日）は、その典型でしょう。この報告では、現在の子どもたちの荒廃現象を「学校教育のもつ個別対応のシステムの問題」としてとらえ、次のように述べています。

「個々の子どもたちの願いや欲求、あるいは多様な価値観の錯綜する二十一世紀の社会において、一人ひとりの子どもの教育ニーズに、学校はどのように応えていけるのか、そのための組織的な対応システムをもち得ているのか、私たちの研究はこうした問題意識からスタートしました」

そして、インクルージョンというキーワードを軸に三つの教育改革を提案しています。

①―従来の学校イメージからの発想の転換
②―学校教育の改革には、障害児教育のもつ教育力の活用が有効
③―学校内外の教育システムの改革

こうした視点から具体的な〈仮説〉を立て学校改革を進めようとしているのです。

また、ぼくが参加している神奈川県青少年問題協議会では、さまざまな論議の中から、現代の子どもたちに伝えたいものとして「生き抜く力」と「共感する心」をあげ、この実現のために「体験」がいかに大切であるかという結論に達し、子どもたちがさまざまな体験のできる条件整備にとりくみはじめています。そしていま、神奈川県にある（千以上あるとみられている）さまざまなグループに、実際にどんな活動をしており、子どもたちは何を求めており、さらにどんな条件が整えば子どもたちの体験活動が活発化するかについてアンケート調査にはいったところです。

こうしたとりくみは、子どもたちが成長していくプロセスを、学校の中だけに限定してきたこれまでの枠をうち破り、もっともっと広い視野から、地域の中にどのようにつくり出していくのかを模索する試みです。そして、こうした動きと、学校がどのように連携していくのかも問われてきます。

おなじように、ぼくは学校の中には適応できず、さりとて障害児のためだけの施設や学校に行く

のを拒否している子どもたちの場として、民間のフリースペース「楠の木学園」に関わっています。シュタイナーの考え方やモノづくり、農業や和太鼓など、さまざまな試みを織りこみながら一人ひとりの子どもたちのニーズに合わせた学びと成長のスタイルをどうつくり出していくか、模索をつづけているところです。

こうした試みは、家族や地域の市民、学生などのボランティアで支えながらやっていく参加型組織で、さまざまな困難もあるけれど、なにものにも束縛されない自由さもあるのです。

できれば、こうした「楠の木学園」を一つの実践研究センターとして、小中高校の教師や父母、さらには子どもたちと一緒に、新しい教育の実践と理論を生み出していく場にしたいとも考えています。

ぼくの家の近くの小学校でも、ＰＴＡのかたがたと熱心な教師が協力して、地域の人を囲んでの懇談会を連続して行ない、車イスのかたや農家のかたの話などをきき、その最終回にぼくを呼んでくれました。

ぼくの卒業した小学校でもあり、ぼくの三人の子どもたちも学んだ場なので、ついつい夢中で話してしまったのですが、その最後に「せっかくこのような集まりができたので、この学校で地域のいろいろなかたがたが交流できる学びあいの場をこれからもずっともちたいですね。それと地域の新聞もできたらいいですね」と言ってしまいました。

ところが、この話を実現しようという動きが実際に始まったのです。

各地で生まれている改革の中に、『ひと』や「ひと塾」が生きて役立つように

ぼくはいま、こうして各地で生まれているさまざまな動きの中に『ひと』誌が読まれていったらいいなァと思っています。

ぼく自身は、ぼくの勤めている大学か、さきほど述べた「楠の木学園」のどちらか、あるいは両方に『ひと』の読書会をつくりたいと思っています。そして雑誌にのったレポートや論文をテーマに毎月、自由に語りあえる場がもてればいいなァと夢想しています。

これまでつくりあげてきた『ひと』誌の全国「ひと塾」や読書会は、近くのさまざまな人をつなぐ交流の場となっていました。教師だけの場ではなく、多種多様な人が、それぞれの思いをもって集まれる場にこれからも「ひと塾」がなるとよいと思っています。おそらくそこでは、参加者の生き方や自分史も語られると思います。『ひと』誌の中には、できればそうしたさまざまの人の「生活史（ライフヒストリー）」があってもよいと思っています。

さまざまな生活史と出会うことが、子どもにとっても大人や教師にとっても、もっとも求めている夢や希望とつながるものだという気がしてなりません。そして、できれば現代の記録だけでなく、少し古いものでも、ぼくらにとって大切な資料や考え方、理論や実践なども掘りおこし、共通の課題として読みあってみることも大事だと思っています。

ぼくは、いま、非力を覚悟で『戦後児童思想史』（『公表』連載）に挑戦していますが、大人が子どもをどう見てきたのか、という歴史を跡づけつつ、人類にとって子どもとは何かということを問いつづけたいと考えています。

ともあれ、子どもという存在を軸におきながら、生きていくことの意味、学ぶことの意味を反芻し、暮らしをつくり出していくのがぼくたちの仕事であると考えています。

その媒介の役割をぜひ『ひと』誌に果たしてほしいと期待しているのです。

ひとネットワーク、№２（太郎次郎社、一九九八年）

三　十四年目の免許状——寄せ場の相互学習——

(1)　小学校助教諭としての出発

きわめて個人的なことだけれど、今年の四月はじめ、ぼくは県の教育委員会から一通の免許状をもらった。曰く「小学校教諭二級普通免許状」である。

もともとぼくは、小学校教師の免許状がなく「助教諭」として約五年間の教師生活をしてきたのである。そして、免許状を取るかとらないかの問題で、結局は教師を辞めたのであった。ぼくが、横浜国大を卒業して横浜市内の小学校に「助教諭」として就職したのは一九六四年（昭和三十九年）であった。

昭和三十五年をピークとする高度経済成長政策が東京オリンピック（昭和三十九年）によって終息し、徐々にそのしわよせがはじまってくるその分岐点にあたる年である。

前にも書いたことだけど、ぼくが大学に入学した一九六〇年（昭和三十五年）は、第一次安保闘争の年であり、田舎から出て来たぼくは、いきなりこの渦中に投げ込まれたようなとまどいを覚えたのだが、この年には「農業基本法」の制定や、石炭から石油へのエネルギー革命も行なわれて、農業政策への転換、炭坑の縮小、合理化などが急速に行なわれていたのであった。

当時、ぼくは、この大きな歴史的、構造的な変化を充分読みとることはできなかった。

ただ、激しい安保闘争の過程の中で、自分自身の専攻科日（教育学）に即して言えば、より広く、そして深くきわめてみたいという思いにかられていた。したがって、大学での授業だけでは満たされず、独自に学ばねばならないことが多かった。例えば、「教育学」の根本としての「認識論」のようなもの。パブロフの条件反射や、ヴィゴツキーの発達心理学。ピアジェやフロイト、ユング。あるいはまた、教育学の対象としての「児童論」のようなもの。こうして関心が湧くところへどんどんと進んでゆけば、免許状を取るための即物的な感じのする授業が、どうしてもうとましく思えて、小学校の免許状までは取る気になれず、中学、高校の教員資格を取っただけであった。また、認識論や児童論をつきつめてゆく中で、ぼくは、学校教育だけに限定されて教育問題を考えるのでなく、もっと広く「児童文化」「児童思想史」「児童生活」といった角度から考えたいと思うようになり、そうした方向をもったサークルの結成にふみきったりしたのであった。

このサークルは「伸びる芽」というグループで、児童文学や児童詩を通して、日本児童史の研究へと深化し、斉藤喜博氏を中心とした群馬県の島小学校に関わったり、若手の児童文学作家や評論家を招いての自主公開講座などの開催にと結実していった。

また、同じ教育学を専攻する学生たちで、『エデュカ』という雑誌を創刊して、自分たちの求めている教育学とは何かということについて納得のいく答えを引きだそうと討論をつづけるというようなこともやっていた。

このような状況の中で学生時代を過したぼくは、いくつかの職業（子ども問題を中心とした）の中から、教師を選んだ。日常的に子どもと接せられるというのが、その一番大きな理由であった。ぼくが就職する年は、小学校がどんどんふえている時期で、小学校教師としての需要が多かった。

それで、面接の時に、通信教育や夜間大学で単位をとるという条件つきで「助教諭」として採用するがどうかという質問を受けたのであった。どうしても教師になりたいと思っていたぼくは、その質問にもOKした。

そして、四月採用の辞令では、市内の小学校の名が書き込まれたのであった。

それまで、ぼくは、生徒との対話が可能なのは中学生以上ではないかと漠然と考えていたのだが、大学時代の四年間、小学校の管理員（夜まわりをする警備員）をやっていた経験もあって、小学生の内面世界が、既にかなり複雑になっていることもわかっていたつもりで、思いきって小学校で子どもたちとぶつかりあってみたいと思っていたのであった。

こうして小学校教師としての生活がはじまった。最初の頃の新鮮な感覚と意気込みは、一学期の終了時に発行した文集のあとがきの一部をみてもうかがわれる。

「ぼくのクラスに組み込まれた子どもたちにはじめて会って、ぼくはまず、その小さいことに目を見はった。うでの細さ。首のほそさ。その上、その細い首の上にあぶなっかしくのっている頭の小さいこと。この頭で一体何が考えられるのだろう。口をかたくつぐんで目玉さえ動かさず、新しいアニキのような教師を見つめる顔。ぼくは、はじめて期待された目で見られていることに緊張した。

ぼくは〝こんにちは〟という、うすっぺらなとじ本を作った。作ったといえば感じはいいが、子どもたちとの最初の出会いの瞬間に受けた期待に何とかして答えなくてはいけないという、あわれにも似た悲壮感の方が強かった。ところが、子どもたちの口は意外と重く、エンピツの運びもにぶかった。

警戒心が強く、かたくとじた蓋をあけぬ貝のように、ぼくには思えた。

三年の時に、組替えをしたために、子どもたち同士の中にも解放感がなかった。ぼくは、しかたなく、ごくごく常織的な自己紹介からはじめることにした。だが、最初の子から、ほほ赤らめ、うつむいて指しゃぶるではないか。

ぼくは大学では教育学を専攻した。それは、大変にアカデミックで平たく言ってしまえば理論として理解していたにすぎない。それに、ぼくは教師の免許状は、中学校と高校しかもっていない。小学校教員としての心の準備も、物質的な準備もなかった。

ぼくは〝こんにちは〟の創刊号のガリ版をきりながら、はたしてオレにこれから先の道中が続けられるかと考えていた。〝こんな、オレみたいな教師にうけもたれた生徒は、かわいそうだな〟

ぼくは、いい先生には絶対になれないと、そのことだけには自信があった。一週間がたった。一人の生徒が、こっそりとノートの切れはしをもってきた。ぼくにとっては、はじめてのラブレターだった。

〝先生は、はじめてなのに、どうしてそんなにいい先生なのですか。きっとうまれつきなのですね。わたしも、そうおもっています。〟

ぼくにとって、このラブレターは刺激になった。新しく教師になった仲間たちと作っている〝新米教師の会〟という研究会で、ぼくは、さっそくこのラブレターを見せた。

ラブレターをもらった直後から、ぼくは、やはりいい先生なんだと無理に思うことにした。やはり、ラブレターはいいものらしい。」

一九六四年七月十一日、クラス文集『なかよし』七月号あとがき──より

(2) 日本一の代用教員をめざして

四年二組の担任となったぼくは、まったく新しい体験の中で、ありったけの情熱でぶつかってしまった。算数や国語力のおくれた子どもたちと、夕方まで一緒に教室にのこり、勉強会をしたし、そのあと出前のラーメンをとってみんなして食べるのが楽しみだったし、放課後は必ずドッヂボールやなわとびで暗くなるまで遊んだ。夜は、前述の新米教師の会や児童詩の研究会、児童文化研究会にと飛び歩いて、夜は、学級通信のガリ版や教材研究に没頭してしまった。

これでは、大学の夜間部で教職の単位をとる時間はとてもなかった。毎日、午後六時から授業に出る余裕はない。そこで、ぼくは玉川大学の通信教育を受けることにしたのである。一年目の夏休み、全期間を、ぼくはスクーリングに通った。また、月に一度は、玉川大学で試験があり、レポートを書く時間も大変であった。

そんな中で、子どもたちは、こんな作品を次々と書くようになった。

宇宙船へースル号　　**木下雅彦**

この宇宙船は、よんでへースル号のごとくへをする宇宙船。
てきにおそわれたら

おってくるてきめがけて
ブッと、じんこうのへをする。
そうすると
この人工のへは、
てつでもとうるから
てきの宇宙船の中にはいって
みんな、このくさいへにはのびてしまう。
そして、この宇宙船は
宇宙にうかんでいるのだ。
ぼくは、そのパイロットだ。

先生のなきべそ　三枝木佳夫

先生は、いつもないている。
いつも、時間中にないている。
先生は、しゃべりながらもないている。
だから、せいともなきたくなるのは

あたりまえだ。
学校がおわってもまだないている。
ときどき、ちょうれいの時、
ちょうれいだいの上で、しゃべる時も
なきながらしゃべるのだからたまげたもんだ。
それはそうと
いまごろ先生は、なにをしているのかなとおもう時もある。
でもきまってる。
先生はきっとないている。

　ぼくは、子どもたちが心の扉を開いて、思いっきりのイメージやフィクションの中で現実をみつめ、自己表現できるようになったのだと思った。

　勢いにのったぼくは、二年目には、組合の分会長になってしまった。輪番制になっていた組合役員の選出に、ぼくは立候補してしまい当選したのだ。こわいものしらずだった当時のぼくは、年輩の先生方がいるにもかかわらず、教師そのものが自由になっていなければ、子どもも自由にのびのびとできないと主張して、校長ともよくけんかをした。

　こうして二年目の教師生活は、クラスでの実践、研究会やサークルの他に組合役員まで引き受けてしまい、とても通信教育どころではなくなってしまった。せっかくの夏休みをスクーリングや試験で使うのがもったいなくて、沖縄や韓国への旅に使ってしまった。

こうして、またたくうちに四年が経過してしまい、いつまでも「助教諭」のままで教師をつづけてゆくことができなくなってしまい、校長や、さまざまの善意の人たちの忠告をうけて、新卒で小学校の「助教諭」となった人たちと一緒に京浜女子大学の夜間部に通い、一年間で単位をとることになった。

試験が終わり面接になって、「あなたはどうしてこの学校へ来たのですか」という質問が一人一人に出された。どの人もみな「この大学の校風がよいと聞きましたので、是非この学校で勉強したいと思っています」といった内容を答えている。試験官はいかにも満足という顔で「ハイ三番の方」といった具合に聞いてくる。ぼくは一番最後だったけれど、もうがまんができなかった。

ぼくは、指名された時、血が頭にのぼっていたけれど、できるだけ落着いて、「ぼくはここには正直言って来たくはなかった。毎日子どもと一緒に遊び、教師仲間とどうやってカリキュラムをつくりあげるか討論している方が、はるかに実になると思っている。けれども、ぼくには教師の資格がないのでしかたなく来たのです」と言った。

とたんに試験官の顔がこわばり、「君は、この大学に来たくないのかね」と語気するどく叫んだ。

「あたり前です」ぼくもそう受けて立ってしまった。

「そうかね、そんなに来たくないのなら、来なくていいです。やめて下さい」

何ということだろう。この夜間で単位をとらなければ、ぼく自身教員をつづけられないことを知っていながら、こう言うのである。

それでも「すみませんでした。よろしくお願いします」などとぼくは口が裂けても言えなかった。ぼくは、京浜女子大に行くことをやめた。この報告を翌日校長にしたら「この一年で終りだな」と言われ、ぼくは、その五年目の教師生活を最後にする決意を固めたのであった。

ぼくが教師をやめたのは、その学期の中途だったけれど、後任の教師にバトンタッチして教師をやめたのであった。今思うと、粘りがたりなかったし、もっといろいろな方法があったのだと思うけれど、ぼく自身の中にも、いつまでも教師として存在しつづけることへの疑問があったので一挙に辞職まで進んでしまったのであった。

この時の「辞職宣言」は少々カッコが良すぎて恥しいけれど、その時の気負いが好きで今でもとってあるが、その中に次のような文章がある。

「ぼくは、石川啄木にあこがれて教師になった。そして、なったからには、日本一の代用教員をめざさねばならぬと考えていた。

石川啄木は、いっさいの権威を認めない。

校長などネズミの屁とも思っちゃいない。

文部省のしめつけなど、全く気にしない。

彼の情熱は、理想にむけて突進する。彼は、形式的な週案など絶対に書かない。そんな形式は、いくら使っても無駄であると断乎としてことわる。石川啄木は、課外授業で卒業した青年や、地域の若者に、英語や彼の理想をぶつける。子どもたちは、彼の下宿に毎夜のようにやってくる。

彼は詩を吟じ、北上川に散歩につれてゆく。ぼくは、彼のようになりたいと思った。

そして、ぼくもまた、悔いのない情熱をそそいできた。その意気において、ぼくは啄木に負けぬと自負する。そして啄木もぼくも、みんごと〝首〟になる。だが、それは敗北ではあるまい。これからの日本は、ますます国家への収斂がきびしくなってゆくであろう。

現代資本主義体制のもとでは、圧力はますます重くなるであろう。その時、どこまでも自分の理想をつらぬく情熱の教師は必要になる。反権力の意志によって生きる人間がいなくてはならなくなる。まさにその先達として啄木はあったと思う。そして、まさに、この時点から、ぼくは生きねばならぬのであるし、ますます情熱をたぎらさねばならぬのであろう。ぼくの四年半の幻想としての教師生活よ。くたばるがいい。

その苦悩のみ、わが身体に残す。」

(3) 自己教育の旅

こうして、ぼくは教師をやめてしまった。

山岸会や心境農産、大和山、新しき村、大倭あじさい邑などの日本の土着共同体をまわり歩いたのも、根釧原野のパイロットファームや、東京の山谷、沖縄の離島で働いたのも、みな教師をやめた後の放浪時代であった。

この数年間は、みずからを一人前にするための、ぼく自身の成人式ではなかったかと今では思っている。それまで、ぼくは、小、中、高、大学の学生生活と、卒業してからはすぐ小学校の教師になったのであって、小学校入学以来すべて「学校」の中でしか生活してこなかった。あるいは「学校」というフィルターを通してさまざまのつながりを作ってきたのであった。ぼくはそうした形で停年までゆくのがイヤであった。一度、そうした世界や生活から解き放たれて、あたり前の生活の中で考えてみたいと思っていたのであった。

けれど、今の教育体制の中では、数年教職を離れて、再び教員に戻るということは至難の技であった。たった一年間の休職でも、その後の復職は、かなりマレなことで、よほどのコネや幸運がなければできないことであった。ぼくは、はじめ教師をやめた後、イスラエルのキブツでの生活をふり出しに世界中を数年間放浪しようと考えていたのだが、中東戦争や、さまざまな事情ができてしまい、この計画が実行できなくなり、日本列島放浪ということに縮小されたのだけれど、ぼくにとって、この数年間の遍歴は貴重であった。

こうして、北海道から沖縄まで歩きまわって、ぼくは、もう一度、一ヶ所に根を張った生活をしたいと思うようになっていた。

一九七二年（昭和四十六年）になって、ぼくは、もう一度教職試験を受け直した。けれども、数年間の空白は大きかったし、ぼくの教師復活は無理な話であった。

そして、翌年、寿地区の「寿生活館」の生活相談員という仕事が、ぼくに与えられることになった。今でもそうだけれど、横浜市の職員ではあっても、この職場を希望する人は皆無な状態で、しかも選考職という特殊な職業種として採用されるために、他への配転は原則として認められていないのである。

しかし、この生活館の職員は、全員が実に精力的な活動家であった。ぼくは職場の仲間たちの献身的な活動や、努力に目を見張りながら少しずつ、日雇労働者の寄せ場の中に定着をするようになっていった。

しかし、寿の街の少年たちとの交流が行なえたのも、はじめの二年間だけで、一九七四年（昭和四十九年）からはじまった構造不況は、日雇労働者に激しく襲いかかり、日雇労働者の多くは失業状態となり、日々の生活すらできないという状況に追い込まれたのであった。

寿生活館の機能は、この不況の中でマヒしてしまい、市当局は、寿地区対策に対して何の施策も提示しないまま、翌年の二月には、寿生活館を閉鎖（休館告示）してしまったのであった。以来、現在に至るも寿生活館は休館状態である。休館中の寿生活館の三階四階は、寿日雇労働者組合と寿共同保育の会が自主管理しており、寿生活館職員の有志で、二階の廊下で自主相談をしているのだが、市や県と、寿の街との対話や交流は、ここ数年膠着状態である。状況打開の糸口が見つからないまま生活館職員が一致して行動できないという最悪の状況ともなり、個的にも何らかの関わり方をしなければならない思いがぼくの中には、ずっとくすぶっていた。

(4)　寄せ場の相互学習へ

生活館が閉鎖になった一九七五年（昭和五十年）の九月から、ぼくは、「寿と自分のことを自由に語りあう会」というサブタイトルのついた「寿文学研究会」を週一回の割合ではじめることにした。寿の街の中も、いくつかの集団や組織に分裂してしまい、対立感情がたかぶっている中で、自由に意見を出し合い語りあえる集まりを守りたかったのである。

この集まりでは、労働の実態報告（貸金未払いや労災でも放っておかれた話）や、自分自身の病気やけがの様子、あるいは家族の話などが出たり、寿の町をどうしたらよいのかという夢や希望といったものも出され、じっくりと話ができる集まりとなった。

数回にわたって「労働基準法」や「港湾労働法」の学習も行なわれ、暮れには小冊子『寿文芸』の第一号が創刊された。翌年からは、詩や俳句、短歌それに短文の作品発表や、文学作品（『女工哀史』『ルンペン学入門』『蟹工船』など）の読書会ということで、かなり文学に関心のある労働者の集まりとなって定着した。

更に、その年の暮れには、毎日の生活に役立つような「勉強」がしたいという労働者の希望が強くでるようになって、「生活と健康を守るための講座」（全五回）が行なわれることになった。これが「寿夜間学校」の第一回目である。

その時の学習と講義内容は次の通り。

寿夜間学校（第一回）

△十一月十九日「生活保護法（一）」（講師・荒川武次）

△十一月二十六日「生活保護法（二）」（講師・荒川武次）

△十二月三日「生活保護法（三）（講師・荒川武次）

△十二月十日「生活を守るための闘い—体験報告」（講師・戸田隆昌）

△十二月十七日「生活と健康を見直す」（講師・渡部幸子）

長期にわたる不況の中では、雇用制度、労働対策が最も基本的なものだけれど、その対策が出てこない中では、現実には生活保護しかなく、その運用がどのようなものであるのかを知る必要があったのである。

そして、この学習の中から「生活保護者同盟」のようなものが生まれてくる可能性もあったのだけれど、病気になっても、治ってしまえば生活保護は打ち切りになるので流動的であり、長い間、生活保護で生活しなければならないという人々が、その中心にならねばならなかった。その中でも、仕事中に足や手、目や耳などを失ない身体障害者となった労働者は、生活保護法や、生活の保護についての関心を特に強く持っており、この人たちを中心にした学習会が更に必要になったのであった。翌年の一九七七年（昭和五十二年）の一月からは、「寿の身障者の生活保障」のテーマで、「寿夜間学校」の続篇が行なわれた。

寿夜間学校（第一回―続）

△一月十四日「身障者の会をめざして―山谷、釜、神戸を歩いて」（講師・深沢健一）

△一月二十一日「身障者の権利と生活保障（一）」（講師・春田圀典）

△一月二十八日「身障者の権利と生活保障（二）」（講師・春田圀典）

△二月四日「身障者の権利と生活保障（三）」（講師・春田圀典）

こうして、その年の二月六日に「寿身障友の会」が発足した。寄せ場には、労災事故や交通事故、また、さまざまの難病をかかえた人が多いはずだけれど、このような集まりができたのは、おそらくはじめてのことだろうと思う。こうして、一段落ついたところで、再び原点にもどって「寿文学研究会」をつづけていったのだが、久しぶりの寿夏まつりの実行を一つのキッカケとして、寿文研の仲間を中心とした合宿が行なわれ、もう一度、「寿夜間学校」への志向が強く主張されたのだった。その時には、もう少し技術講習的な、仕事に役立つものをやってほしいという意見が強かった。日雇労働者の多くは、特に手に技能があるわけではなく、ただ機械化されていない労働を肉体を使ってやらされるだけで、少しも技術が身につかないし、逆に肉体を消耗してゆくだけだ。

職業訓練学校のようなものを寿の中に作ってくれないかという要求が強かった。

それは、職業的自立を求める切実な声であった。それと、もう一つは、今までの夜間学校は少し程度が高すぎてついてゆけない。

もっと程度を下げてほしい、という意見も出た。義務教育をうけている人も多いのだが（中学を卒業していない人もかなりいる）、文字の読み書きができなかったり、計算ができない労働者が、やはり寿には多かった。一挙に生活保護法や労働基準法といわれても、まず役所から渡される書類が読めず、文字が書けないというのである。

また、生まれ故郷へ一度手紙を出したいと思っているが、字に自信がなく、二十年間も音信不通だという労働者もいるのだった。

そこで、九月からは、再度、識字学級を一つの目標においた夜間学校が計画されたのだが、はじめてみると、それはなかなか難しいことであった。

映画「夜間中学」を観て、イメージを語りあったり、川崎に夜間中学を作る会の人たちと話し合ったりして討論を重ねながら、ようやく「生まれた国シリーズ、駅名調べ」という奇妙な「寿夜間学校」のテーマが出来上った。飯場や出張に行く時に駅名や地名がわからず苦労したという話から発展して、それならば、駅名や地名の勉強をしてみようということになったのである。こうして、第一回目は、「神奈川県」の巻で「横浜周辺の駅名や地名」。それに横浜について説明したり、漢字練習をしたりという形ではじまった。

その土地や地方の出身の多い順で「北海道篇」「九州篇」「四国篇」「東北篇」「沖縄篇」というぐあいに、この時の「寿夜間学校」は日本を一巡する形になった。

それにしても、参加してきている労働者の文字能力には、はじめからかなりの差があって、それをどのように調整したらよいのかが難問であった。もっと、この種の学習会が盛んになって、さまざまなバラエティーに富んでくれれば、参加してくる労働者の能力も生かし合えるのだが、週に一度の集まりでは、おのずから限界はみえていたのであった。

けれども、このような形で、問題を含みながらも「寿夜間学校」「寿文学研究会」は、寄せ場の中で、ささやかに息づきはじめたのであった。

(5) 土着する「学校」へ

ぼくは、教師の世界を出奔してからずっと免許状を取ろうと思ったことがなかった。生きることに精一杯で、免許状を取ることを考える余裕などなかった。また、免許状を取ることが形式的であるような気がして故意にさけてきたということもある。

けれども、ずっと教育という問題については考えつづけてきた。そして、結局は、教育とは人間関係のことであり「相互教育（学習）」と「自己教育（学習）」に収斂するものと思うようになった。知っている人が教え、知らない人が学ぶ、そういう関係が自然に行ないあえる空間と関係が、ぼくの目指していた教育というものだということがわかってきたのである。

だから、そこには「形式的」な免許状などは入りこむ余地がないのだった。

北海道の山岸会の牧場で乳しぼりをしながら仲間たちとやってきた『北海通信』の発行や「収穫祭」も、寿でやってきた「寿夜間学校」も、みな同じ発想の中から生まれてきたことだとぼくは思っている。

けれども、日本中には無数の公私立の学校があり、日本中の子どもたちが学校に行っているという現実は、今も変わってはいない。

そこでは、数多くの教師が、一クラスの子どもたちと毎日毎日顔を合わせ学習をしている。そして、学校教育を受けた子どもたちが次の世代を形成してゆくこともまちがいはない。だとすれば、やはり、そうしたあたり前の学校教育の内側に食い入って、少しでも状況を変えてゆくという努力がまったく無駄になるということもないような気がする。

ぼくが寿地区でさまざまな労働者と付き合うようになって、今までの発想と異ってきた点がいくつかある。

それは、以前は、純粋に「認識論」とか「児童論」とかいった、いわばスタティックなものの見方しかしていなかったのが、柳田国男や折口信夫、石田英一郎といった人たちの民族学や民俗学、人類学的な思考方法がかなり影響してきたということである。

言語や文学によって伝えられ残されてきた文化や歴史とはちがった、無文字の口承文化のようなもの。または、柳田国男が高木敏雄らと共同で出しはじめた「郷土研究」が目指していた地方文化や生活史の発掘というような発想。これは、今和次郎の「考現学」「生活学」といった体系、また、藤森栄一の「考古学」の発想など、一定の地域の中のさまざまな関係を充分に発掘しながら、歴史と社会的関係をより深い地点から探り出してゆく方法とも重なって、ぼくには地方文化論として固まりつつある。

それは、どのような地方や地域の中にも、その地域独自の文化と生産、生活と歴史があって、それは、けっして中央集権的に統一させられたり画一化させられたりするものではなく、大切に次の世代へと受けつがれてゆくべきものだということである。

昭和三十五年あたりから、急激にそうした地域文化の伝承というようなことが失われているが、歴史を伝えてゆくということは、重大な成人たちの任務なのである。

この仕事は誰がやってもよいことにはちがいないけれど、本当なら、全国どんな地方へ行っても存在している、小中学校の教師たちが中心になって地域文化の発掘と伝達をすべきなのだと思う。

最初にその地域に定着した人々がどのような暮らしをし、どのような苦灘や天変地異があったのか。生活の改善のためにどのような工夫があり、地名や神社や塚、伝承が、どのような事実に裏づけられているのか。更にまた、この土地を離れていった人々がどのような生活をしてきたのか。

そして、現在のこの地域は、どのような経済構造と人的関係の中で存在しているのか。

この地域では何が重要で大切なものなのか。何をこそ守らねばならないのか、といったような問題。また地域のかかえている問題点の分析や方向性といったもの。そうした地域理解の上にたって、はじめて子どもたちに何を伝え、何を教えねばならないのかが出てくるのではないかと思う。そうなれば、既に授業は教師だけが行なうものではなくなってくるはずである。時には古老による昔話があり、農作業や伝統芸能の指導があり、卒業生の話があるといった具合で、教える人、語る人はその地域全体の中から選ばれることができるのである。

このような多様性が生まれてきてもいいはずである。でなければ、どのような辺鄙な山村にも学校があり、教師が存在している意味がなくなってしまう。学校はその地域内になくてはならぬ存在として、その地域の中で守られ呼吸しなくてはならないはずなのである。そんな風に「学校」空間をとらえ直した時、ぼくには、もう一度教師としてやってみたいという思いが湧いてきた。あたり前の原点へ、もう一度戻ってやり直してみたらどうなるのかという思いが湧いてきたのである。

(6) 都市と過疎地の結合

寿夜間学校は、今年に入って、一月から、「寿歴史講座」（戦後篇）を行なった。全十回で、昭和二十年からずっと神奈川新聞の記事をコピーし、その新聞記事を教材にしながら、当時を知っている労働者や関係者に講師として来てもらい話しついでもらって、現在までの通史をやったのである。

まだまだはじめての通史なので抜けているところは多いけれど、これまで受けつがれ、伝えられてこなかった寄せ場としての寿地区の歴史をつくりだしてゆくところから、一つ一つはじめてゆこうと考えてみたのである。

この歴史講座を、寿の労働者の沢山の体験や表現でまとめあげながら、寿の子どもたちにも読める教科書のようなものがつくれればという小さな夢もある。

そして、四月からは「寿夜間学校」を明確に次のように定義することになった。

「寿夜間学校は、寿の町にすむ全ての人々と、寿に関わりのある全ての人々に開かれた学校です。知っている人が〝教師〟になり、互いに教えあい、学びあう〝相互学習〟の場です。（「寿夜間学校」第四期入学式パンフより）

四月からは、「憲法の学習」（テキスト『新しい憲法のはなし』—文部省が昭和二十二年と二十三年に中学一年生の教科書として発行し、その二年だけで廃止した幻の教科書—）と、「歌舞伎入門」そして「私の生活史（自叙伝）」の三本立てで七月までやってゆく予定になっている。問題の識字学級の方は、日雇労働者組合の中に「あいうえお会」が生まれ、やはり週に一度、文字や算数の勉強をはじめることになり、そこに集中することにした。

また、技術講習などについては、やはり、しっかりした指導者が必要で、ようやくできた「寿夜間学校」の事務所（寿地区内のアパート6畳をみんなの力で共同でかりることになった）兼教室で、少しずつでもはじめてゆくつもりである。

そして、もう一つ、寿歴史講座の中でも明らかにされたことだけれど、都市の寄せ場の形成は、農山漁村の労働者を都市に吸いよせた結果として生まれたものであり、そのために働き手を失った農山村では急激な過疎化が進行しているのである。

寄せ場の問題は、その地域内だけで解決することはできず、必ずこうした過疎地の苦境と手を結ばなければ、追いつめられるばかりだという気がしてならない。

そのために、どこかに寄せ場労働者の第二の故郷としての農場をつくりたいという夢がふくらんできて、あちこちの過疎地へ足を運び、各地で廃校になった、まだ充分使用可能な校舎を見ることになった。

どの地方でも、みすみす校舎を廃校にして放っておくのはつらいことだと言うのだが、何としても人がいなくなり、子どもがいなくなってしまっては、どうすることもできない。そこで、ある地方の教育委員長は、ぼくに言ったものだ。たった一人でも、子どものいる家族が来てくれれば、一人の教師をつけて「学校」として復活しますよ――と。

そして、あなたが教員の免許状があれば、教師としてやっていただいて結構です――とも。ぼくは残念であった。その時、ぼくは小学校の教員免許状をもっていなかった。

いくら形式であるとはいえ、過疎地とのつながりを結ぶ糸が見つかったのである。

ぼくは、その話の直後に、玉川大学の通信教育を復活し、復学した。忙しい合間にレポートを書き、日曜日には試験を受けに行った。何度となく試験は落とされた。しかし、ようやく一年して、最低の単位だけはとれ、免許状を手にすることはできた。考えてみれば玉川大学の通信教育を受けて、十四年目にして手にすることのできた免許状であった。

ぼくは今、免許状をもつこと事体についてあれこれの意見はない。問題なのは、やはり、どのような関係をつくりあげられるのか、ということにかかっているように思う。

学校教師になっていようと、なっていまいとそれはどちらでもよいことだ。どこにいても「相互学習」の空間と関係を無数に作り出し、それが実生活の上にさまざまな実りを結べばよいのだ。そう考えた時、既に採用される年齢は越えてしまったけれど、どこか山村の、できるだけの過疎地で、たくさんの人たちが入植してきても、また、村として復活できるような広い土地のある村の教師となりたいと、秘かに夢想しているのである。

教育労働研究、№10（社会評論社、一九七八年）

第Ⅴ章　暮らしの中の子ども学

一　沖縄の現状と子どもたち

(1)　はじめに～違った文化や生き方を融合しようとする沖縄

今日の話をする前に、沖縄県外から来た人はどのくらいますか。そのことを頭に入れながら話をします。

「沖縄の保育園の実践報告」のレジュメを読んだ限りで言うと、多分沖縄の場合は、ガジュマルに登ったり下りたりして遊んでいるとか、暮らしと非常に近いところで保育をしているところが多いと思います。また、年中行事のところも見ましたが、お祭りや行事の道具がたくさんあります。

子どもたちも、小さなうちからエイサーを踊ったり、三線を聞いたり、歌ったり、大人たちと一緒に生活をしていることが比較的多いです。ですから、保育も学校の生活も、どちらかというと暮らしそのものと密着しています。

私は、長いこと横浜で暮らしていて、今から八年前に沖縄に来ました。沖縄大学で、学生たちや地域の人たちといろいろなことを始めました。本土と沖縄と一番違うところは、暮らしの中に子どもたちも地域の人も一緒に入って生活をしているところです。しかも、助け合うことがごく当たり前になっていて、「ゆいまーる」という精神があります。誰かが困っていると、すぐに誰かが助ける。それは、何かしてあげなければいけないとかそういうことではなく、沖縄には、日常生活の中で支え合う文化がごく当たり前にあって、その中で子どもたちも育っているのです。

もう少し普遍化して広げて言うと、村や地域の中まで、家庭の生活がそのまま広がっている感じです。端的に言うと、家庭の中の要素の一つは、必ずお父さんとお母さんがいることです。男性と女性という異性が、一緒に暮らします。違った文化や生き方をもっていた人が、一つに合一化する、一緒に解け合う、違ったものが一つに近付こうとする、融合しようとするものが家庭の中にあります。

子どもはそこから生まれてきます。ですから、家庭の中は、一つになろうとする思いが強いと思います。異質なものが、一つに融合して解け合っていこうとする要素があります。子どもたちは、非常にそれが近いです。花とか動物とすぐに同一化します。アニミズムです。

もう一つの要素は、家庭では、必ず親と子ができます。親と子は、お母さんのおなかの中で一つだったものが二つに分かれ、別々になっていきます。つまり家庭は、一つのものが別々に分かれていく要素をもちます。

しかも、子どもは自立をしていかなければなりません。親は、いつまでも子どものままにしておきたいと思いますが、同時に一人で生きていく力をもってほしいと思いますから、家庭の中には自立という要素が出てきます。一つに解け合おうとする気持ちと、自立していかなければいけないという気持ちがあります。

さらに、「異年齢集団」の話がありますが、きょうだいがいます。きょうだいは皆違いますから、違う者同士、異年齢の子どもたちが、その中で自分の意見を言ったり、ぶつかり合ったり、いろいろな協力をすることが、ごく当たり前に家庭の中で行なわれます。

(2) 合計特殊出生率「一・七六」の沖縄

沖縄は、子どもの数が非常に多い所です。ついこの間、合計特殊出生率の全国発表があり、市町村三十傑が載りました。鹿児島県の小さな島が、「二・四六」で一番でした。三十傑の中の十二ヶ所が、沖縄の離島を中心とした島で、十一ヶ所が鹿児島です。鹿児島と沖縄でほとんどを占めていました。

日本の合計特殊出生率の平均は「一・二六」くらいですが、沖縄の合計特殊出生率は「一・七六」を超えていますから、大体二人ほどいます。したがって、きょうだいの関係が非常に大きいのです。違った人同士がぶつかり合いながら、家庭の中で共同していくことを自然に学びます。

もう一つは、おじい、おばぁがいます。おじい、おばぁは、長い昔からの伝統の全く違った文化をもっています。そのおじい、おばぁとも一緒に暮らします。そこでは、きょうだい同士の文化とは違ったかなり異質なものと出会い、理解をしていきます。さらにそれを広げると、近所のおじさんが遊びに来るとか、親戚の人が遊びに来るとか、家族以外の人たちとのつながりが同時にあります。

そういう意味で言うと、沖縄では、暮らし、家庭というと、異年齢どころではなく、家族の中に違った文化がどんどん入り込んできます。小さなうちから子どもたちは、おじい、おばぁの文化、きょうだいの文化、隣の人の文化、いろいろなものを家庭の中で混ぜこぜにして育っていくので、人間的には非常に幅広い、思いやりのある文化が育っていました。これは、沖縄の伝統的な文化です。

普通、言葉の単位として私たちは、「親子」とか「きょうだい」はどこでも使っていますが、「おじい、おばぁと孫」という言葉はありません。沖縄には「ファーカンダ」という言葉があり、「おじい、おばぁと孫」は、ワンセットに考えられています。それは非常に大事な要素で、昔からおじい、おばぁと孫は、非常に仲よく一緒になって遊んでいる、生活をしていることがセットで考えられています。もともとこういう文化をもっています。

もう一つ、「守姉」と書いて、「ムレネ」と言います。これは、地域に住んでいるお姉さんが、よその家の子どもでも母親代わりに見てくれます。小さいうちから、「自分のムレネはだれ」というふうになっていると、違う家のお姉さんですが、子どもは自分のお姉さん、あるいは母親みたいに慕って育っていく文化があります。

私は、沖縄に来て初めてそういうことを知りました。家庭生活が、既に異年齢や多文化も含めて、村中全部を含み込むようなかたちの小さな細胞として生きている気がしました。アフリカの文化の中に、「一人の子どもが成長していくためには、村中すべての人々の手と協力が必要である」ということわざがありますが、それと全く同じことが、沖縄の文化の中にあることを教わりました。

(3) 沖縄の文化と保育園・学校の文化

ですから、沖縄でもし保育園とか小学校、中学校を経営していこうと思うと、その一番の原点は、この沖縄の文化に基づいた保育園、幼稚園、学校を作らなければいけないということだと思います。

保育園は今のような文化をもっていますが、学校文化は、どちらかというと富国強兵政策の中で作られましたから、子どもたちを一定の人間に育てることが目的でした。したがって、上から下りてきたもので、生活の中から作られた学校ではありません。宮里（六郎）さんが、「学校と生活は、違うところと似ているところがありますね」と言いましたが、そういう意味で、分かれてしまいました。

ですから、学校の生活の中に入ってしまうと、日頃の生活や文化とは全然違うことを教えられます。よく言われる話ですが、沖縄はもう桜が散っていますが、本土では四月に桜が咲きますから、入学式には「桜の花が」と歌います。

例えば学力テストで、「桜は、春、夏、秋、冬のいつ咲きますか」という問題は、「春」と書くのが正しいのですが、沖縄では誰もが「冬」だと知っていますので「冬」と書く。すると「×」になります。こんなばかな話が今も通用しています。ですから、保育園、幼稚園を卒園するときの歌は「四月になったら桜が咲く」と歌われますが、沖縄は全然違います。

そういう意味で言うと、保育園も小学校も、子育てをするという文化は、自分たちの生活している中からどのように子どもたちを育てていくのか、あるいはどういう文化を育てるのかは、地域ごとに違うのです。沖縄には、独自の育て方があります。

そう考えると、小学校も保育園も、沖縄から新しい型ができるためには何が最も必要かというと、こういう原型をつくり直すことです。地域の人たちが自由に保育園にも小学校にも来て、地域と交流をしながら、おじい、おばぁが、お父さん、お母さんが、子どもたちと一緒に触れ合いながら授業をするとか一緒に遊ぶことが、ごく当たり前に行なわれるところが、沖縄から出発する新しい保育園、小学校のあり方だと思います。

ある意味で言うと、保育士とか小学校の教師は、「教える人」から地域自体の文化伝承のコーディネーター、文化伝承を次に伝える人、それを組織する人と考える必要があります。文化のことを一生懸命勉強して一緒にいろいろなことを学んでいく人、それが保育士であり教師だと思います。心理学等を含め、子どもたちにどうしたらもっとうまく伝わるかということは、当然技術的にはあると思いますが……。

(4) 変わる沖縄の文化と戦争・基地問題

実は、この沖縄のそんなすばらしい文化が、音を立てて崩れていることを、私は感じています。今、私は六十代後半ですが、二十代のときに沖縄に来ました。復帰前の沖縄は、戦争の傷跡が非常に激しく、その中でみんなが助け合っている大変貧しい生活でした。コザの町は、いつでも暴動が起こるような状況でしたが、どこに行っても、本土から来た若造（私）が困っていたり、食べ物がなかったり、道に迷っていたりすると、そこで出会った人がとても優しく声をかけてくれ、泊めてくれた家も何軒もありました。

離島に行ったときも、ここには民宿もないし困ったなと思っていると、道で会ったおじいとおばぁに、「うちに泊まっていけ」と言われました。まさかと思いましたが、本当に泊めてもらい、食事もごちそうになり、いろいろな話をしてもらいました。こういうことがごく当たり前に行なわれていました。それが、日本に復帰した一九七二年以後、どんどん変わっていきました。那覇の町も非常に都市化が進み、大きな質的な転化が起こりました。

沖縄は、戦争が終わってから六十数年たっていますが、一応六十年と考えると、還暦を迎えました。私も六十歳を迎えましたが、人生のうえで還暦というと、一回りして一区切りします。そして、六十年前の原点に戻ります。もう一回自分自身が生まれ出た最初の原点に戻って、生き直しをしたいと考えます。これが六十歳過ぎの生き方となり、「還暦」と言います。

私自身も、自分の若かったときの夢、生き方にもう一度戻ってみたい、ここでいろいろと教えてもらおうと思って、還暦の年に沖縄に戻ってきました。特に子どもを育てる文化、あるいは地域が互いに支え合うコミュニティーの原型を、もう一回沖縄で学ぼうと思ってきました。

しかし、沖縄に来てすぐ、子ども同士の対立から一人の少年が仲間に殴り殺される事件が、北谷という町で起こりました。これは大変ショックでした。沖縄で、子ども同士が、仲間同士が、小さなうちからの知り合い同士が、殴り合って殺してしまった。その場所が気になって、北谷に通い始めました。最近、ようやく少しいろいろな話ができるようになり、丁寧に話を聞きに行っています。

北谷は、今も騒音がすさまじい基地の町です。基地の町で育ったことが、少年たちがあのような事件を起こしたことと関わりがないだろうかということが、私の一つの課題です。

また、翌年沖縄市で、お父さんが子どもを虐待死させました。沖縄では、経済的に貧しくて子どもを売るとか、あるいは、与那国島には「クブラバリ」というのがありますが、妊婦に岩を飛び越えさせ、ぶつかって流産させることがありました。しかし、それも非常に深い愛情に包まれてのことです。どうしたら村の生活ができるかということと子育ての問題を悩みながら、いろいろな育て方をしてきました。ただ、親が子どもを虐待死させてしまうことはありませんでした。

このコザの町（沖縄市）も、基地と大変深い関係があることを知りました。特に子育てに関するすばらしい文化をもっている沖縄と戦争との関係は、非常に深い関係があって、沖縄の文化がある意味で壊されていきます。それが六十年たって今、現実の問題として私たちの前に突き出されている感じがしてきました。

(5) 戦場であった沖縄〜「対馬丸」の話

原点として、どうしても忘れてはならないのは、戦争中に子どもたちの集団疎開があったことです。沖縄が戦場になるかもしれないので、船に乗せて子どもたちを九州に移動させます。丁寧に当時の記録を読みました。沖縄に日本軍の兵士を十万人送り込むことになりましたが、十万人ほどを移動させなければ食糧が足りません。そこで、食糧確保のために十万人を集団疎開させることになり、この中に子どもたちが入っていました。

「対馬丸遭難事件」の話は大変有名です。親たちは、もし攻撃されて沈没したら大変だと、必死になって行かせないようにしようといろいろ考えます。しかし、教師は、その命令を遂行しなければばなりません。率先して自分の家族を乗せたある教師は、その家族五人を失いました。六日間漂流して助かった少年は、かん口令がトラウマになって事件のことを言えませんでしたが、今は語り部として活動し、体験を本に書いた元校長先生もいます。

私は今、「戦後の沖縄の子どもの歴史」をまとめています。そのため悪石島にも行ってきました。「悪い石の島」と書くのでどんな恐ろしい島かと思って行きましたが、本当に優しい人たちがいました。学校の教師もいました。子どもたちは十数人しかいませんが、その子どもたちが、毎年八月二十二日には慰霊碑の周りを掃除して、対馬丸に乗っていた人たちの慰霊をしていること、戦争で多くの子どもたちが犠牲になったことを授業に生かしていることも聞きました。

戦争で、本当に伸び伸びと生きていた子どもたちが、生きていくことそのものを奪われてしまう。教師にしても、語れないほど大変なトラウマとなりました。しかし、また同じような出来事が始まる予感がするということで、校長を退職したあと、この本を書いたと語っています。

(6)「白旗の少女」

似たような話がいくつかありますが、もう一つは「白旗の少女」です。戦争末期に、比嘉（富子）さんという少女が、白い旗を立ててガマ（自然壕）から上がってきました。当時七歳だったこの少女は、家族と別れ別れになってガマに逃げ込みます。そこには老夫婦がいましたが、一人は目が見えず、一人は足にけがをして動けません。少女は食事をつくり、助け合って三人で生活をします。米軍がやってきて「出てこい、出てこい、降伏しろ」といいます。おじいさんは自分のふんどしを破って白い旗を作り、少女に「これを持って出て行きなさい」と渡します。「一緒に死にたい」という少女を「生き残ったら頑張ってくれな、自分たちのことを覚えてくれてたらうれしいな」と説得し、ガマの外に出します。少女は保護され、その時の写真が残っています。亡くなった老夫婦の名前も場所も、わかっていません。

こういうことが、戦争中に実際にありました。これは、私たちが絶対に忘れてはならないことです。

私も孫が生まれて、ファーカンダの年になりました。今、ほかの国で戦争が起こったりいろいろしているときに、この子どもたちが戦争に巻き込まれたらと思うと、胸が締め付けられます。つまり、子どもたちに関わる私たち大人の最大の役割は、子どもたちに、戦争とか争いごととか人を殺し合うということを経験させてはならない、そういう文化を残してはならない、食い止めることです。保育士であっても小学校の教師であっても、何をしていても、戦争を起こさせないことを体を張って守ることが、保育の最大の仕事だと思います。

(7) 後を絶たぬ子どもの被害

基地の子どもということで、その後も基地はずっと残り続け、現在も残っています。一九五五年の「由美子ちゃん事件」は、けして忘れられない事件です。

戦争が終わって十年がたっています。六歳になる女の子が、石川市のお祭りでいなくなります。両親が探しますが見つかりません。翌日、米軍基地のそばのごみ置き所で、少女はシュミーズ一枚の姿で、遺体で発見されました。しかも、「強姦されたあと、下腹部はナイフでえぐられた状況である」と書かれています。言葉が出ません。しかも、犯人とされた兵士は、無罪で本国に送還されました。

子どもたちのものだけを挙げても、たくさんの事件があります。一九五九年（昭和三十四年）六月三十日、こともあろうに、宮森小学校にジェット機が落ちました。そのとき十七人が亡くなりましたが、十一人が子どもです。そして二百十人の負傷者を出し、そのうちの百五十六人が子どもたちです。小学校二年生が多かったのですが、みんな亡くなりました。戦争が終わって随分たちますが、これはたくさんの中の一つです。

宮森小学校の被害者の中に、小学校二年生の少年がいました。この人は自分の仲間たちが亡くなっていったことを、その後ずっと話せませんでした。学校の教師になろうと思い、本土に渡って勉強し、中学校の音楽の教師になりました。いつか宮森小学校に行きたいと思いましたが、トラウマで行けませんでした。平良嘉男先生とおっしゃいます。その平良先生が、今度（二〇〇八年）、校長として宮森小学校に戻ってきました。当時のことを新聞に投稿されてしています。

「給食のとき、水を飲んで運動場から教室に入り、ミルクを配って、みんなで飲もうとしたときに落ちました。はっと見たら、みんなの返り血で、窓が真っ赤な絵の具を塗りたくったようになっていました。夢中になって逃げますが、仲間たちがみんな死んでしまいます。トラウマで、語ることも宮森小学校へ行くことすらできませんでした」

私は新聞記事を読んだので、六月三十日の次の日、すぐ平良先生を訪ねました。そこにはお地蔵さんが立っており、平和の鐘も造られていました。先生は、途中で何度も絶句しながらその当時の話をして、ここに「（宮森）六三〇館」という平和の資料館を造ることを話してくれました。先生はお話しになりながら、当時の子どもたちの記録も残して、二度とこのようなことがないようにする。それがあのとき亡くなった仲間たちとの約束ではないかと思い始め、準備をしているそうです。今年の六月三十日には、その集会があります。カンパも集めているので、できたらみんなで支えたいと思います。

私が大学の授業でその話をすると、学生が「あっ、私は中学の時、平良先生から音楽を習ったよ」と言いました。「じゃ、こういう話を聞いた？」と尋ねると、「一度も聞いたことがない」という返事です。話せなかったのです。沖縄の厳しい重圧というか、負担とは、こういうことですよ。平良先生はそれを乗り越えられて、最近、たくさんの方たちの証言集を完成させられました。つまり、先輩たち、お父さん、お母さんの世代が、そういう厳しい状況の中で子どもたちを育ててきたという現実があります。（講演の翌年、二〇一〇年九月に宮森六三〇館建設実行委員の方々が証言集「沖縄の空の下で①」を発行）

二〇〇四年、沖縄国際大学にヘリコプターが落ちました。これは、昔の話ではありません。このときのヘリコプターの大きさは、二十五メートルです。二十五メートルプールが一つ落ちたのと同じです。被害がなかったからよかったですが、非常に危ないと思います。今、起こったことです。

今も各地で軍人の被害が起こっています。現在私は、那覇から南風原に住居を移しましたが、ついこの間、南風原で子どもが不発弾の大きなものを拾って学校に届け、大騒ぎになりました。調べてみると、今でもたくさんの不発弾がありますが、片付けるのが大変で、畑の横に土をかぶせてたくさん置いてあることがわかりました。この費用を国に要望しましたが、「一つの県だけに使うことはできない」と拒否されたそうです。南風原の城間（俊安）町長が国に行きましたが、一般的な意味のお金は少し下りたようですが、今もこれが続いている状況です。

沖縄の子どもたちの生活の中には、戦争とか基地とかという問題が色濃く残っていて、沖縄で本来育ってきた文化が、それによって打ち壊されるということがずっと行なわれています。

そして、一九七二年には、沖縄が日本に復帰しました。

(8) 沖縄のもつ格差解消への努力

復帰前、こういう問題から子どもを守ろうとして、教職員組合の教師が本気で立ち上がり、屋良朝苗さんが中心になって、「沖縄子どもを守る会」をつくりました。当時の子どもたちの生活の実態を丁寧に調査し、校舎も全然ありませんでしたので、国に、「校舎を造ってほしい」という行脚を一ヶ月間行ないました。さらに、第二次、第三次とやります。日本中からのたくさんのカンパで、沖縄の校舎をつくり上げていく時代がありました。国からの援助の前に、市民同士の支え合いが行なわれました。

子どもを守る会の一つの終結が、（沖縄）こどもの国をつくったことです。子どもたちの集まる場所がない、安心できる場所がない、何とか沖縄にそういう場所をつくろうということで、石垣島の出身で早稲田大学の総長をされた大濱（信泉）さんと「南方同胞援護会」が中心になって、予算を作って、あるいはみんなの寄付で土地を提供してつくりました。沖縄にこどもの国を造って、そこを子どもたちの憩える場所にしようということで始まりました。

一九七〇年五月五日にこどもの国が造られますが、この前後には、「コザ暴動」という大変大きな暴動がありました。生活はなかなか厳しい状況で、しかも、日本に復帰することに反対をする人もたくさんいました。「これからの沖縄はどう生きるか、沖縄独自の文化とはどういうものなのか」ということを考えさせる状況がありました。

(9) 学校

当時、アメリカ軍の兵士と日本の女性がやむなく結婚をするとか、子どもが生まれるということがありました。軍属の子どもとして明確に位置付けられた場合には、アメリカに帰ったり、米軍の中のきちんとした学校に行けますが、その人が帰ってしまい、母親と子どもだけが残された場合にはどこにも行く場所がありません。そういう家族、お母さんたちが必死になってつくったのが、アメラジアンスクールです。

去年、十周年を迎えましたが、まだ正式な認可はされていません。自分たちでNPO法人として造り、学校として、本当にボランティアでいろいろな人たちが力を合わせて運営しています。これは、当然戦争の後遺症ですから、国や県が責任をもって補償すべきことですが、まだできていません。そういうことが続いています。

(10) 年収

戦後すぐから、沖縄と日本との経済的な格差は倍近くあります。日本への復帰後も、これは大きな課題です。失業率は一貫して二倍です。沖縄も含んだ日本全体の平均年収は、大体三百万円と言われていますが、沖縄の平均年収は二百万円前後で、年間で百万円の違いがあります。月収に直すと十万円近い違いで、沖縄は、一貫してこの格差の中で生活をしてきています。

⑾　学力テスト

学力テストは、四十数年前も今度も最下位です。状況から見て、ほとんどの人、現場の教師さえも、一生懸命にやっているけれどもそうなるだろうと感じたそうです。

一つには、沖縄の文化そのものを大事にしたテストではないからです。テストのためのテストで、一般的な学力です。沖縄の生活の中で、たくさんの生きる力を身に着けている子どもたちを、どうやって評価したらよいか、よいところを伸ばすかという発想のテストではありません。

また、生活の実態が、都市部に行けば行くほど非常に厳しくなってきています。仕事がなかなかありません。そのためにお父さんもいらいらして、その不満を奥さんにぶつけるかもしれません。奥さんは、子どもたちにぶつけてしまうかもしれません。そういう悪循環の中で、子どもたちが犠牲になっているところがあって、子どもたち自身が安心して生活できません。

「学力の樹」という考え方がありますが、学力を一つの樹木に例えて人間の力を見る考え方です。その図では、学力テストとかで評価されるのは、葉っぱとか実がなったところ、花が咲いたところです。ここを見て、きれいだな、たくさんの実がなったなというのが、テストの評価です。しかし、この木が成り立つためには、絶対に幹が必要です。幹というのは、ものを考えたり、何かをしようとする意欲とか力です。

さらに根っこがあります。根っこは、人間が育っていくための一番基本的な衣食住です。寝るところ、食べるところ、大事な愛情を掛けてもらう、水をもらう、土があり、いろいろな栄養分を吸い取っていく。そういうものがなければ木は育たないし、実を着けません。今は、実のところを測って「だめだ、だめだ」と言われています。実を着けさせようと思って、一生懸命子どもたちや家族の人に「勉強しろ、勉強しろ」と言いますが、もしこの根っこの部分が枯れていたらできません。

何が一番大事かといったら、葉っぱも大事だし、実もなってもらいたい。しかし、もしこれがなくても、根っこさえきっちり張っていれば必ず芽が出ます。そういう意味で、根っこを大事にすることです。子どもたちの生活、暮らし、文化、何が生きていくことで大事かということです。また、みんなから大事にされていれば、今の学力は低いかもしれませんが、必ず何年か後には実っていきます。

沖縄が、もし学力テストの反省をするならば、私は、根っこの部分に力を入れてほしいと思います。沖縄としてはこれに全力をかけ、それが結果として学力につながっていく方向に向けてほしいと主張しました。

(12)「沖縄子ども白書」

今、「沖縄子ども白書」をつくろうと思っています。私たちは実感として、沖縄が今どんな状況に置かれているか、経済的にも厳しいし、仕事もないし、子どもたちも勉強する環境にないことも知っていますが、データとしてきちんとしたものがそろっていません。子どもたちが今どんな状況の中にいるかという現状を、きちんと押さえる必要があります。

保育園の方には、来ている子どもたち、あるいは来られない子どもたちが、今どんな生活をしているかという実態を、できる限り丁寧に積み上げてほしいと思います。今、学童クラブの人たちが一緒に参加をしてくれていますが、母子家庭の皆さんが非常に苦しんでいることや経済的に貧しいこと、借金に追われていること、子どもたちが、自分が打ち込むべきモデルが見つからないで苦しんでいることなど、たくさんのことがあがってきます。そういう事実をはっきりと見つめて、その中から子どもたちにとって今、何が必要なのかということを、沖縄全体で共通のものにしていきたいと思います。

子どもが生まれたら、沖縄の場合、生活の苦しい人たちには、このくらいの育児手当を支給し、最低このくらい必要だということを、みんなで一致して出してもらう必要があります。沖縄としては、軍事基地とか大学院とかに何兆円というお金が行きますが、そうではなくて、沖縄の人々の暮らし、次の時代を担う子どもたちのために何が必要なのかということを、みんなでまとめていきたいと思います。

そのために現状と、そこから何が考えられ、沖縄でどんなことが実現できれば、どんなすばらしいことが起こるかということをまとめるための白書をつくろうとしています。もし時間があれば、一緒に参加してもらい、皆さんの意見や考え方をたくさん寄せてもらい、つくりたいと思います。

⒀　芽生えてしまった　あきらめの文化

復帰後の沖縄は、自分を抑えてしまう文化が人々の間に増えました。特に子どもたち、若者たちには、言おうかな、どうしようかな、言わないでおこう、我慢しよう、どうせだめだと、あきらめる文化が多いのです。

私は、大学の学生たちと付き合って八年になりますが、年々深まっています。「もっと言ったらいいのに、はっきり言ったらいいのに」「いや、いいですよ。我慢すればいいから」とか、「これから沖縄から基地がなくなると思う？　なくしたいと思う？」「しょうがないんじゃないかな」とか、自分の本当の気持ちを表現できません。

これはいつごろから始まったかというと、小さなうちからあきらめることをだんだんと学んでしまったのです。第一に、沖縄語が使えなくなって、標準語で言わなければいけません。

今から四十数年前に学力テストがあったときに、教師たちや子どもたちのことを考えてみましたが、真剣に考えたのは、文章を読み解く力がないことです。なぜかというと、沖縄語と日本の言葉をきちんと身に着けていないからです。そこで、徹底して日本語を身に着けようと、読み聞かせ運動などに一生懸命取り組んでくれました。それは大事なことでした。

しかし同時に、自分たちの文化を否定する面をもってしまいました。今、皆さんは、一生懸命沖縄語の民謡とか歌とかをつくってくれていますが、ぜひしてほしいと思います。

これは、沖縄の文化を大事にしていくことと逆の方向に行ってしまったために、アメリカに向いていた目標が日本に向きました。日本はアメリカに向いています。今までは、そちらに向かって子どもたちを一生懸命育てていましたが、それに満たない自分はだめだと思っています。これが違うということです。

実は、自分たちの暮らしの中にこそ本物があるということこそ大事にしていかなければいけません。沖縄に役立つ人間になるのだ、自分の地域に、北谷に、沖縄市に、那覇市に役立つ人間になるのだ、そこでみんなのためになる生き方をするのだという方向にもっていきたいのです。それが、皆さんたちが今、保育の仕事をしているときの一番根っこのところにあるのではないかという気がしています。

⒁　沖縄文化の再生へ

私は、二年前に沖縄子ども研究会を立ち上げました。私は、沖縄に来てから三つのことをやろうと思っていました。一つは、沖縄中を回って歩くことです。

鹿児島の奄美大島、喜界島辺りからずっと回ってきて、最後の与那国とか波照間とか大東島まで行くと、日本列島とほぼ同じくらいになります。このくらい広い範囲で、無人島も含めると百六十くらいの島があります。そのうち、人が住んでいるところは四十五くらいで、それを全部回り、島に行ったら小学校を回ろうと思っていました。

それが五年かけて、やっとついこの間まとまり、『海と島の思想』（現代書館）という大変厚い本になりました。本にまとめて、気が付いたことが先ほど言ったことです。

沖縄には、琉球には、すばらしい文化がありました。この文化は、人類が生きていくために絶対に財産にしなければいけないことだったのに、何でこんなに無残に消えてしまうのだろう。これをもう一回よみがえらせなければいけない。子どもたちや孫たちに沖縄のよさを絶対に伝えていく必要があります。

もう一つは、沖縄では、実に多くの人たちが頑張っています。特に子どものことをやっている人たち、学童の皆さんも、本当に少ない十万円そこそこの給料の中で、子どもたちにお弁当を作ってきて食べさせている人たちがたくさんいます。小学校の教師の中にもそういう人が多いので驚きます。皆さん、一生懸命やっています。

一生懸命なのですが、そこの地域だけで一生懸命やって、五年、十年、十五年もやっているうちに力尽き、病気になったり倒れたり、辞めたりします。これはもったいないことです。こういう力、皆さんたちのやっているエネルギーを横につないで、補い合う、支え合うことをしなかったら、沖縄でせっかく頑張っている皆さんたちの実践が実を結ばないと思い、ネットワークをつくりました。

白書づくりに向け、沖縄県内でいろいろ活動をしている子育て支援サークル、団体のリストをつくりました。まだまだ数は足りませんが、沖縄全島から本当に頑張っている三十六の団体を集めました。

このようなことを粘り強くやりながら、沖縄の中でお互いがやっている研究会で、「私のところはこういうふうにやった」、「私のところはこういうふうにしている」、「これをもっと大事にしていこう」というものを一つ一つ積み上げ、実際に沖縄の文化そのものを変えていくことにつなげていきたいと思います。

⒂　子どもは共同体の根っこ

沖縄には「ファーカンダ」とか「ムレネ」の思想があります。グローバルで言うと、皆さんがよく知っている本の中に、六十五億人の地球全体を百人の村と考える、池田香代子さんがまとめた

『世界がもし百人の村だったら』という本があります。あの本の「子ども編」ができ、今は、「完結編」が出ました。世界の人口は六十八億人位ですが、この六十八億人を百人に圧縮して百人の村として考えるということです。この百人の中に大学生は何人いるでしょうと、よく大学で聞いているのですが、百人の中に大学生は大体一人から二人ということになります。学生たちは驚くのですが、では百人の中に子どもたちはどの位いるでしょうか。子どもたちは大体三十五人位となります。では日本は一億三千万人位いますが、日本全体を百人の村と考えると子どもは何人いるでしょうか。少子化といわれておりますが日本は十四人です。今から五十年前は三十五人で、世界の水準と同じでしたが、子どもは半分以下になりました。少子化がずっと続いて出生率が一・二六でこのままずっといくと五十年後には何人になるでしょう。二〇五〇年、子どもの数が七人になると厚生労働省は推定しています。驚くべきことです。つまりこのままだと子どもたちはどんどんどん減っていくということです。

私たちは、子どもという存在をどう見ているのでしょう。沖縄には人が住んでいる離島が四十五ほどありますが、そこをずっとまわってきました。子どもの数がどんどん減っていくんですね。そして学校が廃校になる、もしくは無人島になっていく。この間（本島）北部に行ってきましたが、テレビの連続ドラマでやっていた嘉陽小学校はすばらしいです。目の前にジュゴンがたくさん来て、海亀が上がってくるとてもきれいな小学校は、三月三十一日で廃校になります。生徒は九人でした。

隣の天仁屋小学校は六人くらいですが、これも廃校です。三原小学校は三十六人いますが、廃校です、三つが廃校になって、久志小学校に全部合併されます。建物はそのままですが、その後どうなるかという見通しはまだ見えていません。

一つの地域の中から子どもたちの学校がなくなったらどうなるかということを、私はたくさん見ています。渡嘉敷島の近くに前島という島があります。ダイビングでいろいろな人が行きます。以前は四百人以上いて、小学校も中学校もあった島でしたが、全員が出てしまい無人島になりました。

年に一度はお参りに来る人たちがいましたが、数年前から一組の夫婦が住むようになりました。女の人は、教師をしていた人です。自分が小さかったころ住んでいた島で死にたいと、戻ってきました。今は五家族ほどが戻っています。そこにも朽ちた小学校がありますが、子どもたちがいないということは、続かないのですから未来がないということです。その人間がみんな死んでしまったら、未来がありません。それでおしまいです。

一人いたら、その子が育っていくことをみんなで応援して、次の時代は、その子を中心にまとまっていきます。子どもがいるということは、文字通り未来です。

宮古島のはずれに大神島という島があります。そこにも私は参りました。そのときは、四人の子どもと七人くらいの教師がいて、楽しくやっていました。しかし、この子たちがだんだんいなくなり、学校がなくなったら大変だということで、自治会長の島尻（彦吉）さんが、「あと数年でなくなっちゃう。誰か来てくれるといいな」と言っていました。しかし、この島も、この間行ったら廃校になっていました。村の人は年寄りばかりです。

お年寄りは非常に心配されて、子どもがいなくなってしまうと何の為に自分は生きているのだろうと真剣にお話されます。子どもたちが生きていることがひとつの前提で自分たちが生きているとおっしゃる。

こういう状況を考えると、子どもという存在は、実は、私たちにとって一番中心的な課題です。「『あなたは何のために生きていますか』と言われたら、『自分が自分のやりたいことをやるために生きています』と言うと思いますが、『ほんとですか。自分の人生だけを全うしていければ、ほんとに満足ですか』」

自分の子どもでなくても、近くに子どもたちがいて、その子が育っていく姿を見ていく。生まれてきたとき、「よかったな」とみんなで集まります。あるいは、おなかの大きなお母さんがいたら、みんなで集まって、「大丈夫ですか」、「こういうふうにしたらいいよ」とみんなで声をかけます。

子どもの数がどんどん減っていくということは人類そのもの、種そのものが減っていってしまう、私たちが作ってきた文化や伝統がある意味どんどん消えていってしまうことだと思います。そういう意味で子どもという存在は私たちにとって紛れも無く未来なんです。ある意味非常に大きな可能性というか光のようなものだと思います。そうみていくと子どもたちを育てていく仕事は社会的な仕事といいますか高貴な仕事であって、誰かに任せるとか、個人が子どもを育てる、親の責任だ、ということではないんです。子どもたち全員を今、大きな共有財産というか、みんなの宝物として育てていかないといけないと思っています。

⒃「子縁」

私は、子どもというのは新たな共同体の一番の根っこだと思います。沖縄に来て、ようやく気が付きました。今までは、共同体を「地縁」と言っていました。地域の人たちみんながお互いに助け合っていく地縁が、どんどん消えていっています。

あるいは血縁です。これも親族関係を含め、どんどん消えていきます。しかし、子どもということは、自分の子どもでなくてもいいのです。子どもが近くにいて、地域にいて、その子どもを自分の子どものようにみんなで育てる。みんなが関わって、その子どもの将来のことを考え、どんな町にしたらいいか、どんな村にしたらいいか、どんな地域にしたらいいかということを考えることが、地域のコミュニティーをもう一回つくります。

地縁の代わりに子どもの「子」を書いて「縁」、「子縁」です。子縁が次の時代をつくります。日本の中で、その思想の核になるのは沖縄です。ほかにもあります。過疎地でいろいろと頑張っている人がいて、子縁が始まっています。

都市の中では、千葉県の秋津小学校が子縁という考え方で、地域のみんなで学校全体を管理する新しい学校をつくり始めました。本当の意味で地域に開放された学校です。授業の中身もみんなで工夫して作っていきます。

子どもの縁を軸にして地域をつくるという意味では、保育園はまったくそのとおりです。保育園に来る子どもたち、あるいは来られない子どもたちにどこまで頑張れるかは難しいところですが、その子どもたちと一緒に、その中で、年齢の違った子どもたちもみんな含めて暮らしをつくっていきます。

⒄　いいよ、一緒に食べれば

学童クラブもそうです。暮らしをつくっていきます。一人ひとりが知識を覚えていくことではありません。生きていくことで一番大事なものは何か。子どもが育っていく、人間が育っていく中で、命が一番大事ですが、もう一つは食べ物です。

沖縄は、多分経済不況になったときに生き残れる島です。都市は、食べ物がつくれないからだめです。地面も海もありません。海に行って、イノーに行ってください。今度、辺野古は埋め立てられますが、何てひどいことをするのだろうと思います。あそこは、「イノー」といってサンゴ礁です。

私も、長いこと島に住んでいました。そのときに、「おなかが空いた」というと、「海に行こうね」といって、みんなで海に行きます。そこでは、海草や魚がたくさん取れます。小さなものは逃がし、大きなものを取ってきて、料理をして食べます。小さな山がありますが、山に行って実を採ってきたり、「あそこに植えてあるさー」といって、スイカを採ってきたりして食べます。

土と海と空気と水があったら、食べることはできます。沖縄は生き残れます。食べ物が人の縁をつくっていきます。食べ物がなかったときはどうしますか。「助けてください。食べさせてくださ い」といってくれれば、「いいよ、一緒に食べれば。その代わり一緒に働こうな」これで縁ができます。

⒅ 地域そのものが大きな公民館

農業とか「食縁」、そして、子どもを育てることによる縁、この二つがそろったら怖いものはありません。みんなで支えていきます。

ほかに医療とかがありますが、薬草がこんなにある島はありません。沖縄に薬草大学をつくるべきです。そういう新しい文化を自分たちの中からもう一度つくり直し、やっていくことが必要です。

この間、北大東島と南大東島に行ってきましたが、南大東島はすばらしい所です。あそこは、十年前に「教育立村宣言」をしました。サトウキビはやっていますが、財産がないので、「人こそこの島の財産である」ということで、教育によって村を立てようということです。

島には塾が一つもなかったので、村で塾をつくりました。誰もが来られる塾で、保育園みたいなものです。教師として、本土から野村（哲）さんという夫妻が来ています。その人が、子どもたち誰でも無料で教えます。村がお金を出して、教師たちの食事も生活もみています。

塾の隣に、村の人が集まれる集会場が一月に完成しました。勉強をしている隣にお父さんやお母さんが集まって、座談会をやります。人口千四百人のうち、子どもたちは百人余りです。村中がそこに集まれます。さらに、南大東島まるごと館を文化庁がつくってくれました。使い道がなかったものを今は活用して、さまざまな活動をしています。

また、そこでは子どもたちがスタッフになって、村の研究をしています。どんなお祭りがあり、どんな食べ物があり、どんな植物があり、村の研究をして発表しています。学術論文にも載りました。昨日、沖縄大学にも来てもらい、「南大東の自然はどうしてつくられたか」という発表を、小学校の四年生と五年生の二人がやってくれて大拍手でした。

このように、子どもたちを軸にした新しい地域づくり、村づくりが、既に沖縄の中で始まっています。これを皆さんにも伝えたいし、お互いに交流していきたいと思います。

那覇市でも、松川小学校がすばらしい実践を始めています。私も学生たちと一緒に参加します。地域の皆さんと一緒に、子どもたちを支えていこうという運動が始まっています。あと二年ほどで実を結ぶと思いますが、校長を中心に力強い活動が始まっています。そういうことが、一つずつ実っていくのではないかと思います。

宮里さんの「異年齢の持っている大事さ」という話、琉球大学の吉葉さんの「子育てのうえで、何が一番大事なことなのか」という話を聞いて、地域そのものが大きな公民館ではないかと思いました。お互いがみんなで育ち合う場所、これが実は村です。そして、子どもたちは次を担う人たちです。その子どもたちを大事にしていく文化をどうつくるかということです。

私の結論は、保育園も小学校も、地域の人たちと一緒につくっていく。そして、子どもたちをみんなが大事にする。子どものいる人も、いない人も、自分の子どもである人も、別の人も、子どもたちをみんなで大事にする。もし間違ったことをしていたら、事件を起こしてしまった子は、みんなでカバーをして、その子をいさめ、支えてあげます。

親がいなかったときは、自分の子と同じように食事を与え、「どうした?」と聞いてあげられるような地域がどうしたらできるかということを、私自身もこれから一緒に考えていきます。ぜひこれからも、皆さんの力を一緒に合わせてやりたいと思います。ありがとうございました。

季刊、保育問題研究、№２３８（新読書社、二〇〇九年講演）

二　子どものいる地域《まち》づくりへの夢

(1)　はじめに

みなさん、こんにちは。沖縄大学の加藤です。

沖縄で九州のみなさんとともに開催してきた「九州・沖縄地区子ども支援ネットワーク交流学習会」も、今年で第四回になります。九州のみなさんの活動から刺激を受け、たくさんのことを教えていただいており、感謝しています。

交流学習会に取り組む中で、大きく三つのことが大事な要素として上がってきました。

一つは、私たちがいろいろな交流をしたり、何かを始めたりするときに、その現場に足を運んで、その方たちと出会う、つまり「顔見知りの関係」になることが一番大事だということです。私たちも、繰り返し繰り返し、この原点に立つことになりました。人と出会い、顔見知りになり、お互いにいろんな話をしたり、一緒に食事をしたりしていくと、どんどん情報が交流できて、関係も深まることを実感しております。まず現地に足を運ぶこと、そして顔見知りになることが、一番大事だと思っています。

二つ目は、「実態」を知ることです。お話からもわかりますし、いろんな調査結果やデータからもわかりますが、とにかく実態がどうなっているかを知ることです。私たちも、九州の方から質問されると、「あれ、ちゃんと調べていなかったな」と気づくことが多く、そこから、「実態に基づいて、もう一回きちんと調べよう」ということが始まります。実態を知ることが、ものすごく大事です。

私は沖縄大学に九年在籍していますが、例えば「学生の中途退学率、あるいは就職率はどのくらいですか」とよく聞かれます。しかし、自分たちに厳しい情報は、なかなかきちんと把握しようとしていなかったんですね。しかし、思いがけず私が沖縄大学の「まとめ役」となりましたので、できるだけ実態を知った方がいいと考え、今年調査してみました。

二〇〇六年に入学した学生は五百七十九人でしたが、今年三月に卒業するまでの間に百五十人前後がやめていました。つまり約四分の一がやめているわけです。強烈なショックを受けました。その学生たち一人ひとりのデータを調べると、理由のほとんどが経済的な問題でした。あらためて沖縄の――あるいは日本全体の状況かもしれませんが――現実の厳しさに激しくうたれました。今、入学時からの「学生カード」を丁寧に調査していますが、学習意欲があり、希望に燃えて入学してきた学生たちが、数多く退学しています。

「沖縄の経済状況は日本本土の約七割」と言われています。日本本土の年収が三百万円だと、沖縄は二百万円ぐらいです。大学に通うための一年分の費用がおよそ百万円です。つまり、収入の半分を子どもの学費に充てることになりますが、そのような家庭は、かなり少ないわけです。四年間で四百万円を負担できる家庭は、沖縄では大変恵まれた層ですが、それでもやめていく学生がとても多くなっているのです。もっと厳しい経済状況にある家庭の方が多い中で、どのような高校時代、小・中学校時代を送っているのか、あるいは保育園・幼稚園に行けない子どもたちもいるかもしれないということが、あらためて現実の問題として響いてくるわけです。

私は以前、三年ほど学生部長をしていました。その頃も、年間に多くの学生がやめていました。いろいろと相談にのっていましたが、退学する学生に最後の面接をしているその中に、私のゼミの学生がいました。その学生は、「奨学金で入るお金は、すべて家庭の生活費、食事代、電気代に変わってしまう。アルバイトを昼も夜も、二つも三つも掛け持ちでやっているけれど、生活が追いつかない。先生、残念ですけど、やめます」と言って、やめていきました。そのとき私は号泣し、「必ず一年後には帰って来いよ」と送り出しました。彼女は、愛知県に行き、丁寧な手紙や電話を時々くれましたが、非常に厳しい状況の中で頑張っていました。一年後には、お金をかなり蓄えて帰ってきたのですが、「家は借金まみれで、弟たち妹たちのことも大変なので、生活費に使う。学費には出せない」と、彼女は退学していきました。このような状況です。

沖縄の大学進学率は、三十％ちょっとです。沖縄も含めた全国平均は五十五％ぐらいで、進学率の高い京都は六十七％と言われています。沖縄の大変厳しい状況の中、私たちはどう子どもと関わるのかを問われるわけです。そういう意味で、実態を知ることが私たちにとってとても大事になります。当たり前だと思っていることを一つ一つ、もう一回点検し直す作業が必要であることを、九州のみなさんたちとのネットワーク交流会で教えてもらいました。

三つ目は、その問題を基に、自分の現場でその問題を解決していくための「努力」をすることです。そういう三つのことを教えていただいたわけです。

今日の講演タイトルは、「地域と子どもの『いま』を考える」です。今年三月に、『沖縄子ども白書』という冊子をつくりました。みんなでお金を出し合って、中身もつくりました。そのサブタイトルが、「地域と子どもの『いま』を考える」なのです。

どこからお話をしようかと思いましたが、かなり長い時間を頂きましたので、原則的なところから少し考えてみましょう。私自身も今の立場でもう一回、子どもとはどういうものなのかということから考えてみたいと思いました。

「人間はなぜ子どもに関心をもつのか」、ということから始めます。

(2) 人はなぜ「子ども」に関心をもつのか

子ども時代の原風景

人には、子どもとの関わりを考える場合に、いくつかの原点があると思うんですね。「子どものことを考えると、必ずこのことが浮かんでくる」というものです。私は大学の中で「こども論」という授業をもっています。全員が子ども時代を経験していますので、みんなが子どもの当事者であり、専門家であるわけですね。「目をつぶると浮かんでくる子ども時代の光景、風景、情景を三つぐらい挙げてほしい」という課題を毎回出しています。問題意識が深まれば深まるほど、いろんなものが出てくるのですが、みなさん方はどうでしょうか。いつも自分にも同じ課題を出しますが、必ず一番目に浮かび上がってくるものがあります。

私は一九四一年十一月三十日に東京で、二十代の父と母の長男として生まれました。太平洋戦争が始まった十二月八日の約一週間前です。そして、私が三歳の時、一九四五年三月十日は、私の中で忘れられない日です。妹も生まれており、十ヶ月ぐらいでした。三月十日とは、東京大空襲の日です。

東京の墨田区に住んでいましたが、Ｂ29が編隊となって飛んでくるというので、私も防空頭巾をかぶり、妹をおんぶした母に手を引かれて、防空壕へ逃げました。防空壕の中は暗くて嫌ですから、いつも外が見える入り口の所にへばりついていました。しかし、その日は後から後から人が来たため、押されて一番奥に入ってしまいました。真っ暗な中で、空気も悪く、怖かったですね。妹は最初、泣いていました。恐怖心からでしょうが、あまり泣くとみなさんに申し訳ないと思って、一生懸命あやしていました。そのうち静かになりましたので、ああ、良かったと思いました。爆弾が落ちると、上からばらばらばらばらーっと砂ぼこりが落ち、空気も汚れて、せき込む人もいます。一時間か二時間たって、Ｂ29は去ったんでしょうね。みんな次々と出ていきますので、私たちも出ていきました。

母が、おんぶしている帯をちょっと緩めて、「妹を見てくれない」と言いました。私はよく妹の鼻をつまんで、いじめていたようです。鼻をつままれると息ができませんから、赤ちゃんは「わーっ」と言いますが、それが楽しかったみたいです。ですから鼻をつまんだのですが、何にも反応がなくて、ぐにゃっとしているんですね。はっきり覚えていませんが、母に「変だよ、泣かないよ」と言ったと思います。母は直感でわかり、さっと下ろして抱きかかえましたが、すでに妹は亡くなっていました。防空壕の奥まで押されて、母と後ろの人の間に入ったため、母の背中に顔を付けて窒息したのだと思います。まだ体は温かかったようで、母は妹を抱き、「お医者さまー！お医者さまー！」と言って、走り回っていました。

妹の名を呼んでいるときの母の顔が、今でも浮かんできます。髪の毛の一本一本が針金みたいに硬直して、ぶわーっと逆立っていました。あんな顔を見たのは初めてで、びっくりしました。般若のお面を見ると、あの時の母の顔を思い出します。目がつり上がり、必死になって妹の名を呼んでいました。しかし、妹は亡くなったわけです。その時の母の姿、妹を見ていた私自身の気持ちが浮かんできます。

その三月十日になると、母は小さな位牌の前に座り、肩を震わせて泣いていました。そして、謝っていました。「ごめんね。みんなは小学校に上がるのに、おまえは上がれないね。ランドセルも買ってあげられない」というふうな言葉だったと思います。そういう姿を見ていました。

杉並区のお母さん方が中心になって、原爆反対の母親集会を開いていきましたが、私が入った横浜の中学校にも校長先生を中心にしたそういう集団があり、母がエプロンをして参加しました。私は荷物持ちで応援しながらも、何をやっているんだろうなと思っていました。一時間も二時間も行進が続き、母が汗だくになりながら、「子どもたちを二度と戦場に送ってはならない！」と言ったりする姿を見て、これは真剣なんだなと思いました。

そういう光景が、私の中に残っています。つまり、幼い子どもたちが、自分の意思を超えたところで命を奪われていったわけです。今の私は七十近くになっています。数歳違いの妹にも、六十年ほどの人生が可能性としてあったわけですね。すてきな友だちもできたでしょう。結婚もできたでしょう。もしかしたら、子どもも生まれたでしょう。いろんな楽しいことやつらいことがあったと思います。しかし、その人生はすべて奪われた。可能性はすべてなくなってしまった。やはり、戦争という存在は大きいという思いが、私の中に残っているんですね。子どもたちにいろんな意味で関わっていこうとするときに、やっぱりその時の原体験が生きています。

沖縄では一九五九年六月三十日、宮森小学校にジェット機が落ちて、十一人の子どもと六人の近所の方が亡くなり、負傷者は二百人を超えるという大惨事がありました。今も追悼の集まりをしています。その六月三十日に、空港から二百メートルしか離れていない嘉手納町立屋良小学校では、七十デシベルを超える騒音が二百回発生し、なかには百五デシベルに達する時もありました。あるいは、二〇〇九年の一日の平均騒音発生回数は百十三回で、七十デシベル以上の騒音が毎日百回以上聞こえることが、ごく当たり前になっています。

私が住んでいる南風原《はえばる》町は南部戦跡で大変有名な所ですが、そこを歩いていると、「あんたの足の下、コンクリートの下、戦争で亡くなった人の遺骨たくさんあるさ。ちゃんとそのことを知って歩きなさい」と、おばぁに言われます。実際に、今でも遺骨がたくさん出てきます。地面を掘り起こしてマンションを建てようとなると、遺骨がたくさん出てきて、慰霊祭が行なわれています。沖縄では亡くなった方たちの魂を「マブイ」と言いますが、「マブイを落としてしまった人たちが、日本の兵隊さんも含めて、まだたくさん眠っているさ」と言われます。家族の元に戻れなかった兵士たち、青年たちを六十数年放置したまま、日本の歴史は進んでいるということになると思います。また、今でも時々不発弾が爆発しています。私たちの家の周りでも爆弾処理が行なわれており、あと二十五年ぐらいかかるだろうと言われています。つまり、沖縄の中では戦争の状況は今も変わっておらず、基地は存続しています。一触即発で何が起こるかわからないという危機感が、日常的に続いているわけです。そのことと沖縄とは、非常に密接な関係にあるということです。

生きることの意味

もう一つの原点についてお話しします。

私が学生の頃、父は結核で入院しておりました。そのような状況でしたので、私自身は大学には行けないだろうと思い、高校を卒業したら就職するつもりでいました。公務員試験にも受かっていたのですが、父がわざわざ半日の外出許可を取って出てきて、「自分は、昔の師範学校を出て、教員になりたかった。小学校の先生になりたかったんだが、いろんな事情でできなかったんで、できたらおまえは行かせてあげたい。国立大学だったら安くて、応援できると思うので、行ってほしい」と、ラーメンをすすりながら話してくれました。そして、帰り際に白いズックを買ってくれて、「それを履け」と言いました。気が付くと、私のズックはずたずたに破れていました。うれしくて、白いズックに履き替えて、父の背中を見ながら、大学を受けようかなと思いました。そして、横浜国立大学を受けて、受かったんですね。本当に、大学に行けるとは夢にも思っていませんでした。

私の小学校のクラスの中で、大学に行く人はほんの数人しかいませんでしたので、本当にありがたいと思って入学しました。

私は柔道部に入部しました。高校時代に柔道をやっていましたのでね。ある時、乱取りをやっていると足が滑り、大きな体の相手も上から倒れてきて、後頭部を激しく打ちました。大丈夫だろうと思って立ち上がったのですが、天井がぐるぐるぐるぐるっと渦を巻き始めました。体が丸太ん棒のようになり、でーんと後ろに倒れて、今度はよける間もなく後頭部を打ちました。おそらく黒目が後ろ側に回ったのでしょう。打った瞬間に目が見えなくなりました。舌も鉄板のように硬くなり、「うーっ」としかしゃべれませんでした。

すぐに先輩たちが、「医者に行こう」と言って救急車を呼び、私は病院に運ばれました。母も呼ばれて来ました。耳は聞こえていましたが、みんなは聞こえないと思っており、カーテンの向こうでお医者さんが母に話をしました。「脳内出血の心配があります。今晩が峠でしょう。一応ご覚悟をなさってください」という言葉を聞き、ああ、もう駄目だなと思いました。十八歳でした。

母がそばに来て、布団の中に手を入れて、私の手を握りました。妹は戦争で死にました。兄は大学まで行ったのに、これで死ぬのかと思ったでしょうね。つらかったと思います。忍び泣きをしていました。安心させたかったのですが、「うーっ」という声しか出ませんので、母がもっとびっくりすると思い、黙っていました。

安定剤を打たれて意識をなくしました。そして、丸一昼夜休んだ後、意識が戻りました。まだ体も動かず、言葉も十分しゃべれませんでしたので、リハビリテーションをすることになり、病院でずっと寝たきりでした。十八歳の私は、その時、生きるって何だろう、あるいは死ぬって何だろう、と一生懸命考えたんですね。最終的に言うと、何ができていれば生きていられるのか、何ができなくなったときに死ぬのか、ということです。空気を吸うことも含めて、水を飲んだり、物を食べたりすること。つまり、ほかの物を自分の中に取り入れることができなくなれば、私は死んだことになるんだなと思いました。もう一つ、たまった物を外に出すことができなくなれば、死ぬなと思いました。つまり、排泄作業ですね。「吸収」と「排泄」がスムーズに行なわれていれば、生きていると思ったわけです。

「吸収」とは、食べ物だけでなく、本を読んだり、人に会ったり、旅行したり、いろんな経験をすること、いろんな経験を自分の中に取り入れることでもあります。「排泄」と言いましたが、これは「表現」ではないかと思います。自分の中に喜びや悲しみや怒り、いろんなものが出てきたときに、それを話すことができる、歌ったり、踊ったりして表現できるという意味です。これができなくなると、人は死ぬのではないか、という感じですね。つまり、生きていることは、いろんなものを体験し、吸収すること、そして、いろんなものを自分の中から表現することです。

(3) 人はなぜ「子ども」に関わるのか

「子ども」という存在

単純に考えて、最低二人の人がいるとします。Aが自分のことを語ったり、表現したりすると、それがBの中に染み込んでいき、Bが応えていく。それがまた、Aに染み込んでいく。こういう循環です。こういう循環が行なわれることが生きることだ、と私は思うようになりました。つまり、生きることの本質は「関係」だということです。関係が途絶えてしまうと、人は生きる力を失う。生きる意欲を失う。あるいは死んでしまう。つまり、関係そのものが、生きるために一番大事なことだと気づいたんですね。

自分の中に生き生きした関係があったのはいつだろうと考えていくと、小さかった頃なんですね。小さければ小さいほど、そうなんです。子ども時代に近づけば近づくほど、無邪気にいろんなものを取り入れて、自分が思ったことをどんどん表現していました。吸収と表現を自由に行ない、他者との関係をいっぱいつくっていました。つまり、子ども時代が一番生き生きしていました。

生きていくためには何が必要かといえば、「他者との関係」である。他者との関係の中で、いろんな経験をどんどん自分の中に蓄積しながら、成長していく。これが途絶えてしまうと、生きる力が失われる。自分の中からうれしいことや悲しいこと、叫びたいこと、歌いたいこと、いろんなことをどんどん出していく。それが他の人たちに受けとめられていく。そういう応答関係が生き生きしていることが、つまりは生きていることであり、それが一番充実しているのは、子どもの時だった。子どもは素直にそれを表現する。大人になればなるほど、それを抑えてしまう。表現しなくなってくる。言いたいことも言わなくなってくる。あるいは、聞く力も失ってくる。しかし、子どもと関わることを通して、それを生き生きとできる。つまり、子どもがそういう存在であれば、子どもと関わる大人は、子どもの発信を受けて、それに応えていく。返していく。そして、この交流の中で、本来あった〝生き物の原型〟に戻っていく。ああ、子どもっていいなあ。子どもってそういうものだ。本当にこれから生き直すことができるなら、自分は子どもと関わりたい。あるいは、子どものように生きたい。そう思ったのが二つ目の原点です。

子ども問題への出会いと関わり

私は、「子どもを大事にしたい」という思いから子どもに関わり続けています。生きようとする子どもたちを理不尽な力で押さえつけたり、傷つけたり、命を奪ったりすることは、本人にとっても大変つらいことであるし、親をはじめ、関わっている人たちにも、大変つらい思いをさせます。そしてもう一つは、子どもという存在は生き生きと生きていく一番の原型をもっており、その子どもたちと一緒にいることによって、関わることによって、人間は生きる力を復活させることができる、取り戻せる、あるいは生き生きと生きられる、という思いです。

私は、子どもたちと関わり続けたいと思い、大学卒業後、小学校の教師としてスタートしました。

とっても楽しい時代でした。ただ、今日は詳しくお話しできませんが、教師生活を約四年で辞め、リュック一つ背負って日本中を放浪して歩きました。四年ほど、北海道から沖縄まで歩き、いろんなことを体験し、いろんなことを教えていただきました。

そして、三十歳の時に横浜市の職員になりました。横浜には寿町というスラム街というか、ドヤ街というか、日雇い労働者の方たちが生活する場所があります。そこで子どもたちの相談員をしてほしいということになり、寿町の生活館にソーシャルワーカー、ケースワーカーとして入りました。私もドヤの三畳一間に住んで、街の人たちと一緒に活動しました。子どもたちと一緒に識字学校をやりましたし、勉強会もやりましたし、いろんなことをやってきました。

十年ほどして、寿町で「浮浪者」殺傷事件が起こりました。中学生や高校生、十代の若者たちが労働者を殴る蹴るなどして、殺してしまった事件です。子どもたちが、寿町で暮らしている人たちのことを十分知らないことが、大変ショックでした。それで、児童相談所に移り、そこで十年ほど子どもたちの相談員をしました。

その十年のうちに、横浜市では、これからの福祉の問題、子どもの問題を考える講座を大学で開くこととなり、横浜市立大学で、福祉・子どもの問題を中心に考える講師を募集することになりました。これは全国に公募したと思いますが、一緒にいろんな活動をしていた先生方から、私にも「応募しろ」というお声がかかりました。それで、思いがけず横浜市立大学の教員になりました。

子どもの生活史

その前後から私は、子どもについてじっくり調べたいと思い、子どもの歴史を調べ始めました。当時は子どもの歴史に関心をもつ人はあまりいませんでした。一九八一年に、『戦後児童生活史』という本を書きました。戦後の子どもたちの歴史を八〇年代まで丁寧に追い、結論としてみえてきたのは、戦後の子どもたちの歴史には一つの大きな特徴があるということです。これがはっきりつかめました。戦後すぐからしばらくの間、子どもたちは集団の中で暮らしていたんですね。子どもは集団の中で遊んだり、いろんなことをやっていました。つまり、子ども集団というものが間違いなくあったのです。しかし、一九六〇年代の後半あたりから、子どもたちの集団が解体されていきます。子ども集団がだんだん壊れて、子どもたちは個々に分断されていくんですね。団地やマンションができ、部屋が分かれて、子ども部屋ができていったのが大きな変化です。それまでは、ミカン箱か何かを置いて勉強したり、みんながいる所でわいわいやっていたわけですね。きょうだいも一緒でした。その子どもたちが、いつの間にか離れていき、一人になって個室に入り、テレビを視るようになる——という形で変わっていったんですね。塾が始まったのも、そういう時期と重なります。子どもたちが集団から個に分断され、ばらばらにされていった。集団の中で学ぶ力が失われてきたというのが、その時の実感でした。

それから横浜市立大学にいる間に、地域のサークルなどにもたくさん入って、一緒に子どもたちに関わっていきました。そのうちに、戦前の子どもたち、つまり江戸時代から戦争までの子どもたちの歴史をみたいと思って、『近代日本児童生活史序説』という本を書きました。文献を中心に丁寧にみていくうちに、戦前は子どもたちの集団や自由な場所が、もっとたくさんあったことがわかりました。生活は貧しいのですが、たくさんありました。その典型は、寺子屋という形態だったことに気づきました。つまり、学校がつくられてから、子どもたちの生活は画一化されてきたということです。

それ以前の寺子屋の文献は、各地方の文献も含めて、たくさん残っていました。寺子屋の先生には、何も資格はないですよね。自分で教えたいと思った人が教えていました。月謝も特にありませんでした。読み書きを教えてくれる人のところに親が連れていき、その人なりのやり方でいろいろ教えてくれました。そのお礼として、大工さんであれば雨漏りのする屋根を直してやったり、八百屋さんであれば野菜をあげたり、いろんなことをしてあげました。中にはお金を出す人もいたでしょう。そのように、地域の人たちと密接した学びの先生がいて、単に読み書きだけでなく、生きていくためのいろんな方法、知恵も含めて教えてくれました。そして、一緒になって遊んだりしました。中には、侍をやめた方が傘を作ったりしながら読み書きを教えていたわけです。そして、子どもたちも仕事を手伝ったりしていました。そういう意味では、非常に牧歌的な学びの場でしたが、そこでは大人も子どもも一緒になって生きる知恵を学んでいくことが、ごく自然に行なわれていたわけですね。

その後、学校ができ、貧しい生活の子どもたちが上級学校に行けなくなっていく中、社会背景によって、子どもたちの生活、あるいは性格がつくられていきました。社会の動きと子どもたちが非常に重なり合っていることを、私は学びました。

そして、一九九九年に『子ども観の戦後史』という本をまとめました。それは、子どもたちが戦後、どのような扱われ方をしたかというものです。大人たちが子どもたちをある一定の枠の中に収めようとしたか、その典型的なものが、文部省がつくった「期待される人間像」だと思います。子どもたちそのものに合わせてということから、どちらかといえば社会の要求に合わせて子どもたちを育成するという方向に、どんどん変わってきました。ですから、本来の子どもたちの生きる力は、どんどん失われていくなと感じました。

(4) 沖縄の現状

子どもたちの生活

二〇〇一年に世界貿易センターが爆破される事件が起こりました。私はテレビを見ていて、足元がぐらぐらと揺れるような気がしました。「社会の悪いところはどこか」と自分は言っているが、自分自身の生きていく基盤そのものが、もう崩れている。「子どもたちを大事に」と言っているが、自分は何を基にして、どういう子どもたちを育てればいいのか。自分はどういう子ども観をもっているのか。それがあやふやになってきている。もう一度、原点に戻りたい。問題点はいろいろみえてきているが、どうすればいいかがみえない。

そういう状況の中、何度も行っていた沖縄にもう一度行って、沖縄で学び直したいと思いました。一番重要な視点として、子どもたち、お年寄りがとても大事にされている社会というイメージが、私の中にありました。〝ゆいまーる〟という、お互いが支え合い、社会を自らつくっているという思いがありましたので、沖縄に行くことにしました。

沖縄大学に行かせていただき、福祉について学生たちと一緒に勉強することになりました。福祉ですので、学生たちが現場の実習に行きます。児童福祉施設、あるいは児童相談所に実習に行くんですね。そして、帰ってきた学生たちが、いろんな話をしてくれました。私も一緒に行きました。つまり、子どもたちが生活している現場の一つである福祉施設を、沖縄で最初に見ることになりました。

家庭が崩壊して生活が苦しくなった子どもたち、みてくれる方がいなくなって施設に入る子どもたちは、かなり多いわけですね。その子どもたちの生活がどうなっているかといえば、環境的にも非常に劣悪な状況であり、職員のみなさん方も大変厳しい状況の中で苦労されていました。この子にもっと手をかけてあげたいと思っても、予算がなくて何もできません。勉強を見てあげたいと思っても、見てあげる人が十分にいません。学用品も十分にそろっていません。あるいは、病気になったとき、すぐに治療できる体制も十分ではありません。

学生たちは、職員のみなさんにアンケートを取りました。「子どもたちは本当に守られていると思いますか」という問いに対し、「守られていない」と答える方が六割を超えるという実態でした。現場で働いている方たちが、「これでは子どもたちがかわいそうだ」という実感をもっておられることもわかり、びっくりしました。

沖縄子ども研究会の結成

社会の物事を臨床的に解明しようという、社会臨床学会という学会があります。その学会が二〇〇六年に沖縄大学で開かれることになりました。何をしようかとみなさんと相談し、沖縄で実習を通して知り合った方たちを中心に、沖縄の子どもたちの現状を語ってもらうシンポジウムを開きました。「今、沖縄の子どもたちは……」というものです。そこにお呼びしたのが保育園、子ども会、久高島留学センター、児童相談所、「浅野にんげん塾」の方たちです。本当に親しくなったみなさんをお呼びしたわけですね。何回もミーティングを繰り返し、子どもたちの実態を話してもらいました。

保育園の園長先生は、「保育園の隣に家を一軒買い、地域の子どもたちが集まり、地域のお母さん方がその子どもたちをみるような空間をつくっています。子どもたちがいつでも集まれるような居場所を、もっとつくらなければいけません」という考え方をもっておられましたので、そのお話をしていただきました。保育の実態が徐々にみえてきました。沖縄も待機児童は多く、無認可を含めて保育所はかなりたくさんできてきました。

玉寄哲永さんという、沖縄の子ども会の中心的な方と親しくなりましたので、その方にお話をしてもらおうと思いました。沖縄で子ども会ができたのは一九七九年で、その初代の会長が玉寄さんです。現在も会長さんです。三十年を超えて会長を続けている人は、ちょっと珍しいと思います。彼の弟さんは沖縄戦の時、食事をとることもできず、苦しみながら亡くなりました。彼は、アメリカ軍の兵舎に忍び込んで缶詰を盗み、弟に食べさせようと思って帰ってきたのですが、既に弟さんは事切れていました。そのことが絶対に忘れられないという思いで、子ども会の活動を始められたわけです。玉寄さんは、最初、新聞記者をしておられたのですが、「子どもたちの実態、社会の実態をいくら書いても、現実が変わらない。子どもたちの暮らしを支えていきたい」と、子ども会をつくられました。もう七十歳を超えておられますが、現在も、教科書問題でも先頭に立って活動されています。「自分の弟が戦争で死んだ。食べ物もなく、ひもじい中で亡くなっていった。そういうことを何とか解決したいという思いが、原点にある」と切々と話されました。

沖縄には、たくさんの離島があります。百六十ほどの離島があり、そのうち人が住んでいるのは四十五ほどです。その四十五の離島のほとんどが、中学校までしかありません。高校に行くためには、そこを離れて本島に行くか、大きな宮古、石垣に行くしかないという状況です。そして、いったん出てしまうと、帰ってきません。子どもの数はどんどん減っていく。お年寄りだけが残る。無人島になっていく。どうしたらいいかと課題になっていました。久高島という島で学習塾をやっておられた青年が、その学習塾をもう少し拡大し、久高島留学センターというものを立ち上げました。

そして、離島で子どもたちと地域の方たちが一緒に活動する中で、何か新しい方向が出てこないだろうかと、農業を中心に島の活性化を図っておられました。不登校の子どもたちもやって来て、島でおじい、おばぁと一緒になって農作業をやっているうちに、見違えるほど元気になり、変わってきます。お祭りに参加しているうちに、地域の子どもたちと一緒になり、元気を取り戻していきます。離島の中には、たくさんの文化、生きる力を取り戻すものがあるのですが、そこに人をとどめるものがありません。彼は、「離島に学びの場をつくればいい」と考え、運動を起こしました。今は渡嘉敷島をはじめ、いくつかの島で、子どもたちの集まる居場所ができ始めていますが、運動を始めたころのお話をしてもらいました。

それから、児童相談所の厳しい現実をご報告いただきました。

「浅野にんげん塾」というのは、琉球大学の先生を辞められた方が、若者たちが自分で自分を探すための新しい居場所をつくりたいと始められたものです。そういう方たちと議論し、会場からもいろんな発言が出ました。参加のみなさんは、「知らなかった」と言われました。保育園の方たちであれば、「ほかでやっている活動を十分知らなかった」と。そして、「沖縄で今、子どもたちに関わっている人がどれぐらいいて、何をやっているのか、もっと知りたい。こういうことを継続してやってほしい」という意見が、圧倒的に多く出されました。

そこで、沖縄の子どもたちの情報を集めたり、交流したりする場所をつくろうと、「沖縄子ども研究会」を立ち上げることにしました。一年間は、そのための交流会をすることにしました。会場は沖縄大学が中心ですが、離島も含めた各地でいろんな活動をしておられる方に来ていただいて話をしました。

つながり、ひろがり

例えば、沖縄の学童保育についてです。通常、保育園を卒園した子どもたちは、学校から帰ってきても親がいませんから、そのまま学童保育に行ってもいいですよね。ところが、沖縄の学童保育は、数が圧倒的に少なく、なかなか入所できません。認可されている学童保育でも、費用がおよそ一万円を超えます。内地の学童保育では、四千円とか五千円ぐらいですよね。無認可の施設もたくさんつくられていますが、保育場所としての設備も不十分ですし、行けない子どもがたくさんいることがわかりました（注）。

職員の方たちは、子どもたちのために、いろいろ苦闘しておられます。給料が十万円前後で、生活するのが本当に大変な実態も明らかになりました。一方で、学童保育の可能性というか、みんなが期待をし、子どもを行かせたいと思っている人がたくさんいることも明らかになってきました。

沖縄にも子ども劇場があり、子どもたち、お父さん、お母さんたちが一緒になって、いろんなお芝居を見ています。いろんな人たちが子ども劇場を見に行き、あるいは学童保育を見学に行き、どんどん顔見知りになって、今まで別々だった学童保育と子ども劇場がつながっていきました。

沖縄大学に耳の不自由な学生が入学してきました。みんなでフォローしていくためにノートテイクなどが始まり、これがどんどんどんどん発展し、障害者問題についての授業がいっぱいできてきました。学生たち自身が「障害原論」という、当事者を講師に招いた授業、学生中心の授業をはじめ、障害児・者問題に対する意欲が非常に高まりました。その学生たちが地域に出て行き、小・中学校の聴覚障害の生徒、目の不自由な子どもたち、あるいは病弱な子どもたちのサポートに、ボランティアに入るという活動が多くなり、交流がどんどん広がりました。そういう時期です。

自治体とか公民館が中心になって、子どもたちに関する活動をするグループがたくさん出てきました。そういうところの報告をしてもらい、学童保育の人たち、子ども会の人たち、留学センターの子どもたち、浅野にんげん塾の青年たちと、みんなが集まって、地域のお祭りを手伝いに行きます。

こうして、この一年間に、県内各地で子どもに関わっている人たちが交流して、どんどん顔見知りになってきました。知らないところでどんどん交流が始まる、あるいは、ボランティアの方たちがあちこち回りながら情報を交流するといった、つながりができてきたわけです。

一年間の取り組みの後、二〇〇七年五月五日に子ども研究会の結成集会を行ないました。そこで、どういうテーマにしようかと考えました。沖縄の〝ゆいまーる〟という言葉は、「お互いが支え合い、手伝い合って生きていく」という意味です。子どもを育てるという親の立場、自ら育つという子育ちの両方の側面から、子どもたちは子どもたちどうしで育ち合っていく、応援する人たちは応援する人どうしで支え合っていくという両方を含めた「子育て・子育ちゆいまーる」はどうだろうかとなり、それをテーマにして総会を開き、たくさんの方に集まっていただきました。

この時に初めて「沖縄の子どもたちの歴史について学ぼう」という意見が出ました。実は私が前に書いた本からは、沖縄は抜けているんですね。よくわからなかったんです。その時から三年かけて、今年完成したばかりですが、『沖縄・戦後子ども生活史』という本をまとめました。初めて知ったことがたくさんあります。

歴史をたどる——対馬丸

いろんな方たちを訪ね、現場を訪ね、沖縄の子どもたちの現状を知ることに全力を挙げたのですが、あらためて思ったことは、子どもたちの現状を知るためには、両親の生活がわからないといけないということです。どの子も両親の生活とつながっているんですね。最低二代の生活を知らなければなりません。つまり、お父さん、お母さんがどんな子ども時代を過ごし、青年時代を過ごし、現在に至ったかがわからないと、今の子どもたちの現状がみえないことがはっきりしました。さらにそのお父さん、お母さんまで、三代までとなると、やはり戦後史になるんですね。戦後の子どもの歴史がみえてこないと、沖縄の子どもたちの現状がみえてこないことがはっきりしてきたのです。この確信は、今はもっとはっきりしています。

一九四四年八月に、対馬丸という船が、学童疎開のために沖縄から長崎に向かって行きました。しかし八月二十二日に、悪石島のすぐ近くまで行って、爆雷を受けて沈没します。子どもたちも含めた八割近い方が亡くなりました。子どもたちを大事にするのであれば疎開というものはあり得ることだと思い、この事実を克明に調べ、あの時の手記、船に乗っておられた方たちを丁寧に調べていきました。すると、私の知らなかったことが山のようにあふれ出てきました。

政府の公式見解によれば、対馬丸で疎開させるのは、戦争で子どもたちを犠牲にしないため、ということでした。そういう情報しか入ってきませんから、当時の先生方はそれを信じるんですね。およそ十万人の子ども、お年寄りを、沖縄県外に出すという方針でした。先生方は一生懸命説得するのですが、既に船の通信はアメリカ軍によって全部傍受されているので、貨物船に化けようと何をしようと、攻撃される可能性が十分にあります。船は途中でアメリカ軍に爆撃されて沈んだというわさが流れており、親たちは怖くて行かせたくありません。「何で行かなきゃならないのか」と説明を求めます。先生方は親たちを講堂に集めて、「絶対安全だ。しかも短い期間で済むから、命が守られるから、行かせなさい」と言います。しかし、親たちは反対するという状況です。

その時の校長先生の手記があります。この校長先生は、国の方針がありますので、何とか説得をしなければならないと思い、率先して自分の家族を疎開船に乗せることにしました。対馬丸には、奥さん、長男、次男、長女に加え、「孫が疎開するなら、私も行くよ」と言っておばあちゃんが乗り、五人全員が亡くなりました。しかし、沈没したことについては、かん口令が敷かれていました。ですから、沈没したのではないかと思いながら、その後も「うちも行かせた」と一生懸命説得して、何人もの子どもたちを疎開船に乗せましたが、やはり亡くなりました。その後、事実を知ります。

調べていくうちに、さらに重要な事実がわかってきました。本土に行く前の捨て石作戦として、国は沖縄で戦うことを決めました。十万人の日本兵を沖縄に派遣する、十万人の兵士が沖縄に来ると、十万人分の食料が足りなくなるのです。したがって、十万人を外に出さなければなりません。足手まといになる年寄り、女性、子どもたちを、ほかに出さなければいけないという命令が出ました。疎開計画というものの意図が明らかになってきたのです。しかし、そのことを知らず、政府の方針に従ってしまった校長先生は、その後、遺族の方たちの証言集をまとめます。そして、遺族会の会長として、八十いくつかで亡くなるまで、そのことを訴え続けていきます。

つまり、教師とか大人の側が子どもたちのためにと思っていたことが、実は間違っていた。今の教育の中にも、そういうことはないでしょうか。正しい情報をもたないまま、子どもたちを犠牲にしていたことが、事実あった。子どもたちに教えていたことが、事実あったということですよね。

テレビ局の方が、宮崎県に疎開した子どもたちの膨大な資料、一人ひとりの名前とその子たちがどういう状況だったかという資料を見つけました。三ヶ月にわたってその資料を全部写し、その方たちを丁寧に回って、その後の情報を集めたことも、記録からわかりました。

対馬丸に乗っていた上原清さんは当時国民学校四年生で、たまたま暑いからといって、ほかの男の子たちと一緒に甲板で寝ていて放り出されました。六日間も波にもまれた後、無人島にたどり着いて帰ってきました。かん口令を敷かれて、つい最近までそのことを言えませんでした。子ども時代に、憲兵から「対馬丸が沈没したことは一切口外してはならない。これは国の秘密である」と言われたことを守って、言わなかったんですね。この方は、琉球大学を出て校長先生になりましたが、語ることができませんでした。これが事実ですよ。しかし、再び戦争の危険が非常に高まってきたということで、自分の体験を克明に書かれました。その時のイメージを百枚以上の絵に描き、二〇〇六年に『対馬丸沈む』という本にされました。本には、克明な文章と二十枚くらいの絵が描かれています。自分の目に焼き付いた何とも言えない凄惨な場面です。子どもたちが傾いた船の甲板につかまりながら力尽きて落ちていくときに、誰もが、「お母ちゃん、お父ちゃん」と叫びながら海の中に落ちていきます。自分も必死になって叫ぶ、そういう状況です。助かって那覇の港にたどり着いたのですが、何の衣服ももらわず、行った時の服装のままで、はだしで自宅まで帰っていったんですよ。そういうことが克明に書かれています。

白旗の少女

「白旗の少女」という映像がありますよね。一フィート運動でフィルムが買い取られましたが、女の子が三角の白い旗を持って投降してくる映像です。彼女は、比嘉富子さんとおっしゃいます。彼女は後に沖縄大学を卒業されますので、私たちの学生の先輩に当たります。比嘉さんは戦争末期に保護され、写真が載って、のちにその写真を撮った人と出会いました。この少女の記録が、『白旗の少女』という本になっています。

比嘉さんはきょうだいやお父さん、お母さんと那覇市に住んでいましたが、お母さんは栄養失調で亡くなり、お父さんも軍用で出されてなかなか帰ってこられませんでした。いよいよ米軍の上陸が近付いたとき、お父さんは四人のきょうだいに、「もしお父さんが帰ってこなかったら、みんなで力を結集して山原のほうに逃げるんだぞ。頑張れよ」と言って出掛け、その日は帰ってきませんでした。そして上陸が始まり、きょうだい四人が逃げていきます。途中で銃弾がすさまじいので、穴を掘って、みんなで首まで潜り、夜を過ごします。自分の隣にお兄ちゃんが一緒にいるのですが、途中で何もしゃべらなくなるので、「兄《にい》に、兄《にい》に」と言ったら、頭に銃弾が貫通してお兄さんは死んでいました。お姉ちゃんたちが、「ここを覚えとこう。私たちも死んじゃうかもしれないし、おまえが一番小さいんだけど、もしかして誰か帰ってきたら、お兄ちゃんの遺骨をちゃんと守ろうね」と言って、埋めて棒を立てます。そうして残った三人のきょうだいは必死に逃げるのですが、ばらばらになってしまいます。

その二人のお姉ちゃんとも別れてしまい、独りぼっちになります。たった一人、七歳の少女が必死になって山の中を逃げていきます。のどが渇いて川に行くと、百人ぐらいの人が川に首を突っ込んで、水を飲んでいます。私も飲もうと思って近づくと、全員死んでいるんですよ。うじがわいているのですが、そこを分けて、水をすくって飲みます。そこで死んでいる兵隊さんのおなかがものすごく膨れて、アリの山になっています。そこには金平糖がありました。おなかがすいて、甘いものが食べたいから、アリをどけ、手を合わせて「ごめんなさい。一つもらいます」と言って、金平糖を食べながら、逃げていくわけです。

小さな洞窟にたどり着いて、潜り込むとそこには、おじいさんとおばあさんがいました。おじいさんはけがをして足が不自由で、奥さんは目が見えません。二人から「ちょうど良かった。助けてくれ。そこにあるもので料理を作ってくれないか」と言われて、水も流れているし、わかめや食べ物が少量ですがあるので、七歳の少女が料理をしながら一緒に食べます。すごく親しくなり、自分の孫のようにかわいがってくれますし、本当のおじい、おばぁのようなつもりでいました。

しかし、だんだん米軍が攻めてきて、外から「出てこい、出てこい」と呼ばれます。このままでは爆弾が放り込まれると思い、おじいは自分のふんどしを破いて三角にして、おばぁに持ってこさせた木に結わいて、「これを持って逃げろ。外に出ても白いのがあれば、世界中どこでも、人を攻撃してはいけない、殺してはいけないことになっている。絶対助けてくれるから。大丈夫だ」と言います。「いやだ、私はおじい、おばぁと死にたい。一緒に逃げよう」と言いますが、「行きなさい」と言われます。「行ったときには、思い切り手を挙げて、笑え。にっこり笑って、手を振れ。そしたら殺されないよ。子どもだからきっと助かる。助かったら、このおじいとおばぁが、沖縄のこんな洞窟の中に住んでいたことだけは忘れないでくれ。自分たちは死ぬだろう。だけれども、富子の心の中に、おじい、おばぁが残っていたらうれしいな。二度とこんなことがないように、生き残ったら頑張ってくれな。行ってこい。おまえたちは、これからの時代をつくるんだからな」と言うんですよ。そして彼女は、「いつ爆弾が入るかわからん」と、押されるようにして出ていきます。「にこにこ笑えよ」と言われましたので、映像でも笑いながら白い旗を持っています。そして、助かるわけです。でも、二人の名前も聞いていませんでした。洞窟は爆破されて、おじいとおばぁは亡くなってしまいました。そして、場所もわからなくなっています。

沖縄の人たちが、次の世代にどんな思いを込めていたか、この話からも強烈に伝わってくるわけです。こんなに厳しい経済状況の中でも、沖縄の出生率は日本一です。このことの意味について、単純に子どもを産んでいるというだけではなく、私には〝次の時代を子どもに託している島〟というふうに思えるんですね。その島を日本政府は大事にしていない、と私は思います。

子ども研究会の活動をしていくと、そういうことがわかってきます。渡真利源吉さんという方は、もう八十歳を超えておられるのですが、二十七歳の時に職員として沖縄（琉球政府）の児童福祉法をつくられました。アメリカの人権宣言を取り寄せて、「沖縄の子どもたちの人権を守り」と第一条に書くんですよ。しかし、日本政府との交渉の中で、日本の児童福祉法にはそうは書いていないからと、そこは削られるんですね。日本の児童福祉法と同じような文章に変えられるのですが、原型には「子どもたちの人権を守り」と明確に書かれていた、という事実がわかってきます。

子ども研究会をつくった時に、私は、父親、母親の子ども時代、おじい、おばぁの子ども時代をきちっと聴き取らなければ、今の子どもたちに託された沖縄の思いは伝わらないと思いました。これは本の帯にも書いていただいたことですが、「一人の子どもの成長には、その親の世代まで含めた二世代のライフヒストリーをつないで考えなければならない。本土とは違った生活があった沖縄の子どもたちが、新しい沖縄を創る」ということを実感しました。

「こども文化学科」の創設

私は、沖縄大学に「こども文化学科」をつくらせてもらいました。つまり、みなさんと一緒に沖縄の未来を考える学科をつくりたかったのです。ちょうど沖縄大学が五十周年を迎えており、どういう学科をつくるかとみんなで議論したところ、「沖縄の子どもたちのことを考える学科をつくろう」となり、「こども文化学科」がつくられることになりました。

沖縄大学は一九五八年につくられましたが、実は日本復帰の時に大変なことが起こっています。沖縄の大学は全部、日本復帰の時に基準を満たしていなかったのです。「全部駄目だ。大学として認可しない」ということになりました。国立大学になっていく琉球大学は辛うじて認められたのですが、「沖縄大学と国際大学（当時）は一つにして、沖縄国際大学にすればいい。基地の隣の土地を提供するから」という話でしたが、沖縄大学が反対しました。これに象徴されるように、沖縄の人たちが自分たちでつくりあげてきた文化や大学も簡単につぶすのです。

日本復帰の背景

一九七二年の日本復帰の前段のことはご存じだと思いますが、知らない方がいらっしゃるかもしれませんので、お話ししたいと思います。

復帰の前に、沖縄では日本に戻るべきか、戻るべきでないかと、ものすごい討論が行なわれました。最終的に日本に戻ることになった理由は、憲法があるからでした。その当時の方たちに聞くと、本当に期待しておられたんですよ。私は申し訳なくてですね……。要するに、日本国憲法は戦争を放棄するんです。そして、基本的人権を守るんです。だから、日本国憲法の下に戻れば、沖縄の基地もなくなるし、自分たちの人権も守られて、格差もなくなる。そこを信じようということで、屋《や》良《ら》朝《ちょう》苗《びょう》（当事、琉球政府行政主席）さんは、復帰の覚悟を決めました。

そして、一九七一年十一月十七日、国会では特別委員会が開かれて、沖縄に関する討論が集中的に行なわれました。沖縄国会と呼ばれています。屋良朝苗さんはその時、復帰に関する〝建議書〟を持って上京します。沖縄からの要求、復帰協のみなさんと一緒にまとめた文書を携えて行きます。特別委員会で読み上げて、これを認めてもらえるのであれば、沖縄は復帰に賛成します、という内容なのです。その日、屋良さんが飛行機に乗って上京することは、みんな知っていますよ。ところが、羽田空港に降りた時に緊急動議が出されて、もう審議しなくていいとなり、採決によって日本復帰が決定したのです。屋良さんが着いたときには既に委員会は終わっており、建議書は、読まれも渡されもしませんでした。〝幻の建議書〟です。

県民の総意を込めた建議書の内容は、六つあります。一番目「反戦平和の理念」。沖縄あるいは日本が反戦平和の土地になってほしいということです。二番目「基地の撤去」、三番目「基本的人権の確立」、四番目「自衛隊の配備反対」、五番目「沖縄県の自治の確立」、六番目「県民本位の経済生活」。この六つが書かれていたのですが、これは読まれることなく、日本復帰が決定しました。

復帰の日です。日本武道館では「沖縄復帰記念式典」が行なわれました。天皇も出席し、佐藤栄作首相が「万歳、万歳」と復帰を祝いました。その日、那覇市民会館では、屋良さんが「日本に帰るという苦渋の選択をした。六つのことは読まれなかったし、認められなかったが、それを実現するためにがんばろう」と言いました。その日は大雨でしたが、隣の与儀公園には十万人を超える人々が集まり、ずぶぬれの中で抗議の行進をしました。その那覇市民会館で大学の入学式をさせてもらい、入学生のみなさんにこの話をしました。

復帰後の沖縄では、基地の問題に集中的にエネルギーが割かれました。今もそうです。普天間、辺野古の問題にエネルギーを注いでいます。したがって、子どもたちの問題や福祉の問題にエネルギーを注ぎきれませんでした。これが今の、私たちの反省です。一番大事な、未来をつくる子どもたちのこと、障害者、お年寄り、さまざまなことで苦しんでいる方たちを支えることに、予算を使えませんでした。

復帰後、沖縄には約九兆円の振興資金がつぎ込まれています。ほとんどが、道路、建物、空港などの建設物です。しかも、日本本土から来た企業がほとんど請け負い、九兆円はそこに流れています。沖縄には、こういう背景があったわけです。

あえて「こども文化学科」をつくったのは、子どもたちの成長をどうすればいいか、沖縄の未来をどうつくればいいかを、みんなで一緒に考えていくためです。そういう動きが始まり、第一期生が今年四年生になりました。

（注）沖縄県内四十一市町村で学童保育未実施は四割。全国では八十五％が公設に対し、沖縄県では公設が五％。運営も沖縄県では九十五％が民間運営（認可外保育園や保護者による）。

開設場所は全国で学校施設内五十％、児童館等の公的施設三十二％。それに対し、沖縄県では認可外保育所三十六％、民家やアパート等の民間施設四十五％、公的施設は二十％程度。沖縄の子育て支援を、保護者や民間が支えている実態を浮き彫りにしている。

保育料は、全国では五千円未満の施設が四十二％、五千円～一万円未満が四十六％に対し、沖縄県では九十五％が民間運営のため、平均保育料は一万円を超える。

参考／『沖縄子ども白書』

(5)　子どもが育つ環境の変質

子ども事件の背景

子どもたちが育つ環境の変質が起こってきています。私が沖縄に行ったのは二〇〇二年ですが、翌年の二〇〇三年に、沖縄では信じられないような事件が起こりました。以前は、子ども同士の殺し合いなんていうことはありえませんでした。親が子どもを虐待死させるなんていうこともありませんでした。

二〇〇三年には、北谷町立桑江中学校の二年生が、仲間だった少年たちに呼び出され、基地のすぐそばの墓地で殴る蹴るの暴行を受けて、そこに埋められるという殺人事件が起こりました。数日後に発見されて、少年たちも逮捕されました。亡くなった子は不登校もしていましたが、とっても明るい少年で、いろんな人の助言もあり、その集団から出ようとしていたのです。エイサー部にも入って、立ち直ろうとしていました。しかし、少年たちにとって、仲間が離れていくのは大変ショックなことでした。最初は「戻ってこいよ」という感じだったと思いますが、戻ってこないと感じた時にエスカレートしたのではないでしょうか。

私はその現場に行ってみました。すぐそばにフェンスがあり、中は米軍のキャンプ桑江です。ベトナム戦争の時にはたくさんの負傷兵が血だらけになって運ばれてきた、海兵隊の病院が目の前です。北谷町は五十二%が基地です。新聞に付き添い人（弁護士）の方が、加害者の少年の一人は小さい時から両親の顔も見ていない非常に厳しい状況の中で育ったと書いてありました。近所の人たちはみんな、それを見ていました。そして、アメリカ兵による暴力事件は、数限りないほど起きています。暴力によって言うことを聞かせたり、犯罪を犯したりということが、日常的に行なわれています。そういう環境であることを、まったく無視はできないという思いがあります。さらに、基地に奪われた土地の賃貸料が入るうちと入らないうちの格差があり、地域では大変大きな課題となっていることもわかってきました。つまり、この事件は基地と無関係に起こっていないことがはっきりします。

その翌年の二〇〇四年に、那覇市で親が子どもを虐待死させる事件が起こりました。お父さんが仕事をクビになり、いらいらして、どこにも発散するところがない、働き口もないということで、奥さんに当たり、子どもに当たります。奥さんも一生懸命仕事に行こうと思いますが、行けません。時々、子どもの泣き声がしたり、大声が聞こえたりするので、近所の人たちも心配はしていました。ですが、そばに行って「どうしていますか」という声をかけきれないまま、この事件が発生します。つまり、お互いに声をかけ合っていくという、もともと沖縄にあった地域社会が崩壊しつつある〝地殻変動〟が起こっているのです。

つい昨年、うるま市で中学生どうしの暴力事件が起こり、少年が二階から落ちました。ある意味で落とされてしまったと思うのですが、最初「自分で落ちたんだ」という証言がありました。この少年も亡くなり、それに関わった少年たちが捕まりました。その家庭生活をみると、みんな厳しい経済状況の中で、先行きの展望もないまま苦しんでいた少年たちです。その中学生たちを、「ひどい、駄目だ」と言うだけで断罪できるかどうかが、今、私たちの中での大きな課題です。

地域発の新たな取り組み

子ども研究会を開いて、実際にその学校や地域に行き、そこの方たちのお話を聞いて初めてわかってくることがあります。当時、北谷町教育委員会の課長さんだった方は、この現状を何とか変えなければと、課長職を辞めて、校長先生になりました。そして、学校を立て直すためにはどうしたらいいかと、その子どもたちのことを丁寧に調べ始めます。同じような経済状況、生活環境で苦しんでいる子どもたちのリストアップを先生方にしてもらいました。そして、そのような子どもたちを支援するために、「少年サポートチーム」というものをつくりました。地域の応援できる人たちが、その家庭を応援する、勉強をみる、どうしても学校に来られない子どもたちには別の方法を考えるチームです。少年サポートチームは現在も続いており、地域の方たちがサポートしています。実は、こういう運動が起こっていたのです。これまで新聞にも載ることもなく、私たちが行って初めてわかりました。地域の中で、新しい取り組みが実際に行なわれていたということです。

私は、今年度の「北谷町次世代育成計画」に参加させていただき、まとめ役になりました。この事実を取り上げ、地域の子育て文化をどうやってつくるかを、これから五年間の課題にしていく計画ができてきました。

その校長先生は今、嘉手納町の課長さんをしておられます。嘉手納町には、給食費を払えない子どもがたくさんいます。現在、給食費を払えない子どもは、日本中の統計では一％です。沖縄では六・七％です。第二位はどこだかわかりますか。それは北海道で、二・四％です。こんなに差があります。給食費を払えないのですが、その子たちにも給食を食べさせていますよ。その子たちはどんな思いでいるのでしょうか。課長さんは、まず給食費を撤廃したいと考え、嘉手納町では半減されました。これには大変な苦労があったと思います。

外から見ればささやかと思われるかもしれませんが、現場におられる先生方、地域の方たち、職員の方たちが必死の思いでやっておられる。そのことが事実として、一つずつ私たちにもみえてきたのです。これは放っておけない、これをつぶされては困る、という思いがあります。つまり、子ども事件への対応策として、それぞれのところでそれぞれに動きが始まってきているのです。

「こどものまち宣言」

子どもたちを中心にした〝まちづくり〟をしようという動きが始まりました。私も次世代育成に関わっている那覇市は、一番早く「こどものまち宣言」をしました。子どもを中心にした、子どもたちが安心して育つことができる那覇のまちをつくろうという宣言です。全国的にも早かったと思いますが、子どもに関するあらゆる問題に取り組もうと、こども局（現、こどもみらい部）をつくりました。まだ不十分ですが、子どもを軸にして那覇市を立て直そうという動きが始まっています。

二番目が沖縄市です。一番厳しい基地のまちである沖縄市で、「こどものまち宣言」が行なわれました。沖縄市は、合計特殊出生率が最も高いまちの一つです。東門美津子さんという市長が、この宣言をつくるために、子どもたち百人の百人委員会、大人たち百人の百人委員会をつくりました。私も参加させていただき、何度も何度も議論して「こどものまち宣言」をつくりました。そこで、三つのテーゼをつくりました。第一は、子どもたちの声を聴く、真摯に受け止めるということです。第二は、聴いた声に応えていくということです。第三は、大人たちが変わるということです。「聴く」「応える」「変わる」の三つのテーゼをつくりました。

そして、この数年間「こども学講座」を続けています。私も行かせてもらっていますが、県内のいろんな方たちが集まって、この講座をしています。子ども研究会は沖縄大学を中心に始めたのですが、実はこういう集まりが各市町村にたくさんでき始めているのです。

「こどものまち宣言」をつくった沖縄市は、沖縄県内では初めて「子どもの人権宣言」をつくろうとしています。そのために、今、人権宣言の勉強会をされています。子どもを中心にした施策の研究会も始まりました。県内の子どもに関する研究者がみんな集まって、一緒に応援しています。

その後、浦添市も「子どものまち宣言」をつくりました。学童保育の費用は一万円以上かかるのですが、その半分の五千円を市が負担することを決定しました。学童保育にできるだけ行かせたいということですね。

豊見城市でも「子どもの街宣言」ができました。

このように、沖縄県内のいくつかの場所で、行政とともに、子どもたちを軸にした新しいまちづくりを始めようという動きが起きています。ですから、子どもたちをとりまく環境は厳しい状況になっていますが、その中で立て直しも始まっているということです。

(6)　実態把握から対策への視点

ネットワーク交流会の意味（何がやれるのか）

「九州・沖縄地区子ども支援ネットワーク交流学習会」が始まり、それに刺激されたのですが、私たちの中で「実態調査をしよう」ということになり、実態調査を始めました。しかし、行政の壁が厚くて、なかなか資料を出してくれません。そこで、沖縄タイムスという新聞社にお願いして、小中学校の先生方にアンケートを取りました。これは、実態調査ができない中での、新聞社のぎりぎりの調査です。教職員組合の先生方にもご協力いただきました。そして、正直に書いていただいた回答が約三百集まり、当時の新聞には連日大きく載りました。

「給食費を払えない子どもがいますか」という質問に対して「はい」と答えた方が、六十五％です。つまり、給食費を払えない子どもがいるクラスが大半です。「給食以外の食事を十分に取れない子がいますか」という質問には、四十四％が「はい」と答えました。「病気やけがでも病院に行けない子がいますか」には、三十一％。「学用品を買えなかったり、上履きや制服を準備するのに苦労している子がいますか」には、五十三％。「この子を支えるために、自分のお金を使ったことがありますか」には、四十三％が「はい」という回答でした。先生の約半分が自分のお金を使い、中には「年間十万ぐらい使っています」と、正直に書かれた方もいらっしゃいました。そういう厳しい状況です。

「夜、子どもたちだけで過ごしている子がいますか」には、五十九％。「親の経済状況が子どもの成長に影響していると思いますか」には、八十七％。「育児放棄と思われる家庭がありますか」には、五十一％。「家庭状況や経済状況が厳しい子どもが、最近増えたと思いますか」には、八十三％が「はい」でした。こういう厳しい実態が明らかになりました。

沖縄は、いつも学力テストで最下位なのですが、先生も児童も七時半から登校していますよ。こういうがんばり方をみると、すぐ〝対馬丸〟を思い浮かべてしまうのです。学力テストのためだけとは思いたくないのですが、勉強をさせているんですよ。貧しい子どもがたくさんいるなか、文部科学省の白書には、「経済的な問題が学力に影響を与えている」と明確に打ち出されています。沖縄が毎年最下位である原因は、わかっているじゃないですか。なぜ、沖縄に対する特別な対応を考えないのでしょうか。先生方は、また最下位になってはかわいそうだと思い、子どもたちに「勉強をがんばろうね」と言いながら、朝も放課後も一生懸命勉強させています。

したがって、宿題がたくさん増えてしまいました。今までは、学童保育の先生方が子どもたちと一緒におやつを作り、一緒に遊んで、元気をつけていました。楽しいところだった学童保育に、今は、宿題を抱えて帰ってくるのです。親たちも、「学童で宿題をやらせてほしい。じゃないと、うちに帰ってやる時間もないし、親も見てやれない。学校に行って、また怒られる。宿題をやらないで、どんどんたまっていくと、どうすることもできない。子どもは学校に行きたがらなくなっちゃう。学童で教えてほしい」と言います。ですから、先生方はやむなく一緒に宿題をやっているんですよ。そうすると、遊び時間がなくなってしまいます。
学校の先生方も一生懸命です。子どもたちが将来、「学力が低い」というレッテルを貼られて世の中に出れば、内地で就職できない。「沖縄の子か、学力が低いな」と言われてしまう。何とかがんばりたいということでしょうが、どこか〝対馬丸〟と似ていないでしょうか。先生方は今、子どもたちと何をすればいいのでしょうか。〝何が事実なのか〟をしっかりおさえなければならないと、私は思いますね。

次世代育成計画の現実（行政の役割）

私は、那覇市、北谷町、糸満市、南風原町の次世代育成計画に関わりました。南風原町では、ガード下などを整備して子どもたちの遊び場を造ったり、給食で地元の食材を八割近く食べるような工夫をしたりと、いろいろな努力が始まっています。このように、今、沖縄の一つひとつの市町村で、子どもたちと一緒に新しい地域づくり、まちづくりをしようという動きが始まっているわけです。

(7)『沖縄子ども白書』からの発想

子どもの人権・沖縄の文化風土・現場主義

『沖縄子ども白書』は、三つの視点からつくりました。子どもの人権を保障するという視点で書こう。沖縄の文化風土を大事にしていこう。現場主義、つまり現場の中で考えたことから出発しよう。この三つの方針です。

沖縄の文化風土に関して言えば、例えば「ファーカンダ」という言葉があります。「つると葉っぱ」という意味ですが、「おじい、おばぁと孫」という意味もあるんですね。親子、夫婦、兄弟・姉妹のように、組みになった言葉なんです。沖縄では、「おじい、おばぁと子どもたち」が組みになっているのです。これはどういうことかといえば、おじい、おばぁと子どもたちが一緒になって学んで、遊んで、成長することが、沖縄では当然のことで、子育てはおじい、おばぁがやっていたんですね。お父さん、お母さんは仕事で忙しくて、なかなかゆっくりできません。おじい、おばぁはゆっくり付き合えます。同じことを繰り返し、繰り返しできます。遊びも一緒にできます。こういうことがあって、おじい、おばぁと子どもたちの関係がとても大事にされていたわけです。

ところが、おじい、おばぁは今、忙しくなってしまいました。本土の影響です。みんなスティックを担いでいって、コン！とやっているんですよ。ゲートボールです。孫や近所の子たちは、遊ぶ所もなくて、夜たむろしています。これは違いますよね。沖縄本来の文化を取り戻すことが必要なのです。

それから、「キリシタンチョウー」という言葉が今も残っている村がいくつかあります。私もよく行きますが、十二月二十五日になると、一年間に村で生まれた子どもたちをみんな公民館に集めます。お父さん、お母さんが抱っこしてきて、村中の人が集まって、歌ったり、踊ったり、食べたりします。その年に二十五人が生まれたとすれば、二十五人全員を紹介します。そして、わーっと拍手し、名前を掲げて「いい子になれよー」と、みんなで踊ったりします。それを一日やるのです。びっくりします。

こういう集まりが沖縄にはありましたが、本土に復帰して以後、どんどん廃れていってしまったのです。福岡県立大学の小松啓子先生とお話ししていると、「小さな子どもを育てるときに、昔は、お母さんが噛んで、口移しで食べさせていた。だけど今は、そんなことは非衛生的だと、離乳食を買ってきて食べさせている。それは大事なことだったのに、消えてしまった。そういうことがたくさんある」とおっしゃいました。そういう意味で、沖縄の子育ての文化について、集めたいと思っているところです。

学童保育支援センターからの視点

学童保育というのは、学校が終わってからの子どもたちの居場所です。ものすごくいい場所なのですが、実は、お金がないと行けないという問題があります。今度、国から雇用対策のお金が一億五千万ほど下りるというので、応募して取りました。そして、県内の学童保育の内容、あるいは設備について、基本的なガイドラインをつくる活動が始まりました。既に長く研究会を続けており、今度の県知事選挙の前にはまとまります。子どもたちの居場所を保障してほしい、特に学童保育は無料にして、子どもたちが全員行けるようにしてほしいという〝提言〟を、県知事になる方に出してもらいたいと考えています。このために、専任の職員を二十人採用し、その方たちが散って、県内の全部の学童保育を調査しました。そして、学童保育が抱えている問題点、行けない子どもたちの厳しい現実が非常によくわかりました。ですから、何としてもそれを進言したいと思っています。

うれしいことに、県内の大学の児童関係の先生方が、協力し、力を合わせつつあります。初めてのことで、うれしくなりました。先生方、学生たちが今、応援しています。応援する人たちがまとまりつつあります。行政の学童の担当の方も参加してくれています。これでガイドラインができれば、沖縄で新しい展開が始まります。

子どものいる地域《まち》づくり（新たな公共圏へ）

糸満市で次世代育成の委員会をすると同時に、九州・沖縄の勉強会で教えてもらったことを実行しています。子どもや親たちが集まるサークルを案内していただき、ほとんどを回りました。みなさんが食事をつくってくれたりしますので、楽しくて、夜十一時、十二時になることもあります。ほとんどの方と知り合いになりました。どんなことが問題点かも、わかってきました。そして、

「子育て応援隊」という新しいＮＰＯをつくります。戻ったらすぐ発会式があります。

これまで、子育て支援センター、つどいの広場〝ぽかぽか〟というのもつくりました。児童センター、幼児クラブもつくりました。保育所もあります。しかし、こういうところに行けない親、行かない親、あるいは障害があったりして保育所に入れない子どもたちがいます。そういう人たちが一番苦しんでいるので、その人たちのための応援隊をつくることにしたんです。これが、一番ニーズが高いのです。

保育所を辞めた方たちが、もう二十人は集まっています。「退職後はどこかでボランティアをしようかな」と言っていた人たちが、「ノウハウをいっぱいもっているから、それを生かして一緒に応援しよう。新たにＮＰＯをつくろう」となったのです。今は役所の課長さんや係長さんで、あと一年とか半年ぐらいで辞める方も、そこに入って一緒に活動します。二年後に辞める人も、今から呼び入れて準備をしています。自分たちが働きやすいＮＰＯ法人をつくる準備を、今からするわけですよ。そして、六十歳で辞めたときは、そこの職員になります。

地域の方たちが、ニーズをもつ人たちを応援していく組織をつくります。そして行政が、それを応援するシステムをつくってくれているのです。発会式では、市長さんや区長さんといった方たちが招待され、私には基調講演をさせてくれますので、一生懸命お話ししようと思います。これについては、糸満の方たちが、今度の「九州・沖縄地区子ども支援ネットワーク交流学習会」（十二月十九日、那覇市）で発表してくれます。発会式の直後だと思いますので、これからの展開について報告されると思います。

今まで、行政と民間は、それぞれ単一というか、別々でした。ところが、行政の方たちも、退職後は民間で一緒に活動しようということになり、それができる場所をつくっているわけです。今の六十歳って若いじゃないですか。私だって、もう七十歳になるんですからね。その団塊の世代の方たちが、たくさんの知識やノウハウや経験を生かして、これからの子育てやいろんなことに関わってくれれば、ものすごいエネルギーになりますよ。国は、資金を出して応援すべきです。既に糸満では、行政を退職した人たちが、民間でもう一回活動するということが、始まっているわけです。

それから、那覇市のボランティアセンターが、また新しいことを始めています。他の地域でもやっていらっしゃると思いますが、当事者の方たちを先生にしています。こないだは、目の不自由な比嘉信子さんという方が講師をしてくれました。自分の体験を話しながら、どうすれば目の不自由な人が地域の中で暮らせるかを一緒に考え、なんと福祉教育研究会を立ち上げて、その代表になられています。アイマスクをしたり、車いすに乗ったり、実際に経験しながら、学び合う取り組みです。行事の時だけ助けに行くのではなく、みんな友だちになりましょう……という動きを始めています。子どもたちもそこに来て、一緒にいろんなことを学んだり、体験したりする活動です。

これらはほんの一部で、沖縄では新たな取り組みが次々に起こっています。まさに〝地殻変動〟です。

沖縄大学の試み

私のゼミの卒業生が、石垣島の児童相談所の職員になりました。向こうでいろんな活動をしています。石垣の新しい市長さんと一緒に、新たな子育て支援センターを立ち上げました。〇歳から十八歳まで、一日に千二百人も来るんですが、職員は三人しかいないんですよ。どうなります？　それは大変だと、これからみんなで応援に行くのですが、こんなにニーズがあったことは今までありません。びっくりしました。私はこないだ行きましたが、広い場所に子どもたちがいっぱいいて、お母さんたちもいっぱい来ていました。私も一緒になって遊びましたが、二時間遊んでくたくたになっても、子どもたちは離してくれません。こんなに求めています。

その一方で、仕事がない人たち、若者たちがいっぱいいるのです。こういう状況がみえてきました。

次は、沖縄大学という大学で一体何ができるだろうかという、私の課題です。若者たちの就職率は非常に悪いです。働く場所がないのです。二十回も三十回も面接に行っていますが、落ちてきます。エネルギーはいっぱいあります。子どもたちが大好きです。お年寄りの介護も大好きです。ちゃんとやってくれます。しかし、働く場所がないです。非常勤ならありますので、とにかくそこで働こうということになります。

私たちは、新しい仕事をつくることにも取り組まなければならない、今まで仕事として認められなかったものを仕事にするべきだ、と思い始めています。ベーシックインカムという考え方です。

子育てや、地域での介助や介護、これまでボランティアとしか見てこなかった、地域で草刈りをするような環境整備の活動を「仕事」として認めるようなシステム、社会体制ができれば、みんなが仕事に就けるわけです。「ちょっと甘い」と言われるかもしれませんが、やはり新しい仕事をつくらなければなりません。

そのためには、技術やノウハウが必要ですよね。勉強して子育ての仕事をしたい、環境問題の仕事をしたい、あるいは何か技術を身につけたいな……と思ったとき、日本では社会人の学ぶところがほとんどありません。あったとしても、費用が高いわけです。しかし北欧では、新しい仕事をしようというときに、無償で学ぶことができます。技術を身につけ、仕事に就くことを支援する取組みがあります。

どういう仕事がつくれるかはとても難しいことですが、これから学生諸君と一緒に、新しい仕事をつくり出したいと思っています。今の沖縄大学の中心的なテーマは、「自立した市民」になることです。「自立した市民」とは、「ともに学び」「ともにつくり」「ともに生きる」ことがごく当たり前にできる人たち、自分なりの判断力をもつ人たちです。そういう人になってほしいということで、業者に頼んでいた仕事を、学生たちにお金を払って任せてみたいと思っています。学生たちがよそでアルバイトするのではなく、大学の中の仕事を自分たちでやる、ということです。

また、学生と地域の方たちとが一緒にできることを、たくさんつくっていきたいと思っています。

つい最近、学生たちや市民の方たちと一緒に、「大学と地域を考える集い」というものを開きました。「大学の情報が市民に伝わっていない、市民の情報が大学に伝わっていないので、地域新聞をつくりたい」ということになりました。長田《ながた》という地域ですので、英語のタッチ（touch）を加えた『ながたっち』という名前の新聞が創刊されます。地域の情報満載、大学の情報満載の新聞で、大学が応援して費用を出しました。みんなで町内に配るわけです。新聞記者の方たちにも応援していただいたのですが、いろんなノウハウがわかってくると、「将来、自分たちでタウン新聞の会社をつくって、離島で仕事できないかな。住みたいから……」と言いはじめています。

つまり、自分たちで情報を発信することも一つの仕事としてできる、自分たちの力でいろんなことができる若者たちを育てたいと思います。今、いろんな意味で苦しんでいる子どもたちに、学生たちが一つのモデルになるのであれば、みんなに大学に来てほしい。その費用は無料か半額か、それくらいの保障を国や県がするような体制もつくりたい。企業のみなさんにも応援してもらって、何とかつくりたいと考えています。これはちょっと……、夢を語ってしまいましたね。

(8)　子どものいる地域《まち》づくりへの夢

今日いただいたタイトルは、「地域と子どもの『いま』を考える」です。地域をつくっていくとき、あるいは地域というものが存在しているとき、すべての人がその地域の大事な要素です。地域には、必ず未来があるわけですよね。未来のことを考える、五年後、十年後、二十年後の地域のことを考えるとなれば、どうしても子どもたちのことを考えなければなりません。子どもたちの未来を考えることで、初めて具体的に、どういう地域になればいいかがみえてきます。サブタイトルは、「子どものいる地域《まち》づくりへの夢」としました。子どもたちがいなくなってしまえば、未来の夢はつくれないのです。

沖縄の離島では、今、子どもたちがどんどん減っています。子どもたちがゼロになり、学校が廃校になったところがいくつかあります。そこに住んでいる方たちは、やがては亡くなっていきますから、だんだん人がいなくなって、無人島になってしまいますよね。私たち人類にとって、子どもは一番大事な存在かもしれません。〝歴史をつなぐ存在は子ども〟です。その子どもたちを、今までそういう思いで見てきませんでした。子どもたちが少なくなってくると、そのことの大切さをしみじみと感じています。

しかも、子どもという存在は、他者との関係をぬきにしては生きられないですね。他者と関係し、いろんな影響を受けながら、経験を積み重ねて生きていくわけです。その関係がないところでは、死んでしまいます。そこに関わらせてもらうこと、子どもたちの「どうして」「なぜ」「どうすればいいの」という疑問や、要望を受け止めることで、私たちが生かしてもらえる。子どもがいることによって、〝人間の生きる原点〟を取り戻すことにもなります。

そういうことがいくつか重なり合って、私は沖縄の地で、子どもたちを中心にしたまちづくりに関わっています。沖縄では今、確かに〝地殻変動〟が起こっています。厳しい状況ですが、確かにいくつもの〝芽〟が育っています。みなさん苦闘しながらですが、いろんな場所で新しい芽がいっぱい育っています。これをつなぎ合わせる集まりとして、子ども研究会や子どもネットワークが役割を果たせていければ、その種を他のところにも移していけます。それがいいものであれば、どんどん広がっていくと思っています。

最後になります。沖縄の離島に浜比嘉島というところがあります。干潮になると、完全に海が引いてしまうんです。何十年か前、青年のころに行くと、島の女性たちが「これは全部引いちゃうのよ。そして、潮がまた満ちてきて、海に戻るんだけど、どうやって海に戻るか知ってる？　見ていてごらん」と言うんですよ。私は当然、向こうから潮が満ちてきて、海になるんだと思っていました。ところが、あちこちに水たまりができるんですよ。湧いてくるように、水たまりが、ぱっ、ぱっとできるんですよ。しばらくすると、水たまりと水たまりが、ぱっとくっつくんですよ。これから早いんですよ。あーっという間に海になります。

時代が変わるときは、どこからか一斉に変わるのではなくて、それぞれが自分の場所で、共通の思いでやっていることがつながっていって、気がついたときには時代が変わる、社会が変わるんだと思えたんですね。今、沖縄の中で、〝水たまり〟があちこちにできています。私はそこに呼ばれたら、うれしくて飛んで行っています。それがつながり合ったときに、時代は変わると思います。

ウインズ・風、№65、福岡県人権同和教育協議会、二〇一〇年（講演）

第Ⅵ章　子どもと暮らしの臨床学

一　暮らしから見える子どもたち

(1)　子ども研究の方法論について

ぼくが本格的に子ども研究に取り組もうと考えたのは二〇〇七年、沖縄大学に「こども文化学科」が設立された時であった。

それ以前にも人間の生き方を研究しようと思えば、子ども時代は人間の原形質にあたるので、ジックリと子どもについて、また子ども時代について考えてみたいと思ってはいた。

したがってそれ以前にも子どもの歴史や文化史について考えもまとめていた。

例えば『戦後児童生活史』（一九八一年）、『近代日本児童生活史序説』（一九九五年）、『子ども観の戦後史』（一九九九年）という形で子ども史の研究をつづけ、沖縄に来てからは『沖縄・戦後子ども生活史』（二〇一〇年）をまとめることもしてきた。

また、ぼく自身が出会ってきた子どもたちとの関わりについてもまとめてきた。

その系列では『裸足の原始人たち』（一九七四年）、『子どものいる風景』（一九八六年）、『風になれ子どもたち』（一九九二年）などがある。

仕事現場である横浜のドヤ街、寿町での子ども像、そして児童相談所で出会った家族と子どもの現実をぼくはドキュメンタリーとしてまとめてきたのであった。

そうした蓄積の中で、子ども研究を始めようとした時、まず研究しようとする人自身が、自らの子ども時代の記憶を再生することが必要だと考えた。

ぼく自身の「自分史」をたどりつつ、子ども体験を整理してみること。

そこには個別な時代と地域における子ども体験があるはずだが、そこには普遍的な体験もあるに違いない。固有な子ども体験であると同時に普遍的な内容も見えてくるとぼくには思えた。

そこで、学生にも「子ども時代の具体的な体験の記録をする」ことを課してみた。しかしたくさんある出来事の中からいくつかを選び出すのは難しく、何らかのヒントが必要だった。

例えば、「目を閉じて子ども時代を思い浮かべてみると、浮かんでくる光景はどんなものですか？」と聞いてみると思いの外浮かんでくるものが多かった。

この場合、子ども時代というだけで年齢を限定しなくても、最も印象の強かったもの、あるいはよく思い出すことなどが浮かんできて、興味深い反応が多かった。

特に多く出てくるものは、家族といる光景で、家族と一緒に食事しているものや、どこかへ出かけた時のこと、また一人でポツンと離れている風景や、親とはぐれてしまったことなどが浮かんでくる。

つまり、心の中に残っている家族関係の原風景である。

中には叱られたこと、迷子になったこと、ケガや病気をして入院したことなども浮かんでくる。親の背に負われて見上げた空のことが浮かんでくる学生もいる。

こうして具体例が上がってくると、その内容に刺激されて浮かんでくる内容も量も一挙に増えてくる。

その上で、子ども時代に楽しかったこと、うれしかったこと、そして悲しくつらかったこと。こわかったことなど内容を変えていくと、学生の反応はグングンと多様化し、今まで忘れていた光景や出来事が噴出し、似たような体験を次々と思い出してくる。

中でも、家族のメンバーが亡くなったことや、子どもが生まれたりして家族が増えたことなどは子どもにとって大きな体験であったことがよくわかる。祖父母や犬や猫、金魚や鳥などの死、特に親やきょうだいの死などは強烈に残っていることも伝ってくる。

学年や年齢が上るにしたがって友人、仲間とのことや、先輩とのことなども出てくることが多い。

また大きな事件や事故が、家族の生き方を変えたことに対する記憶も大きい。

こうして、同世代の学友の記憶に刺激されて子ども時代への関心が高まった中で、それぞれの固有の子ども時代の体験を記録してもらう。この頃になると、かなり刻明にまた長文でまとめるレポートも多くなり、子どもというのは実に豊かな、また深刻な体験をしているものだということが見えてくる。

プライバシーもあり、発表してもよいと許可をもらったものの中からいくつかを紹介し、固有の子ども時代の体験を読み込んでいくと、子ども一人ひとりがどのようなことに関心があり、何に喜び、何に傷つくのかということがわかってくる。

自分自身の子ども時代体験のふり返りは基本的なことなので、その後も何回か挑戦してもらっているが、書くごとに深まっていくのも面白い。

その次に、自分以外の人に子ども時代の体験を聞き、記録するというインタビューを行なってもらう。同世代の友人から聞く場合もあるし、年代の違う人、例えば両親とか祖父母にインタビューする学生もいる。

さらに知人、教師や近所の店の人、中には外国人、老人会の役員、町内会の会長さんにインタビューをするといった例もある。

自分自身の子ども体験の作業をしているので、聞く内容も的確で関心も高い。

こうして多種多様な人の子ども時代の体験が集まってくると、そこに共通するものや、共通化するテーマがあることも見えてくる。

ここまでが「子ども研究」の基礎編となる。

そして、もし可能であればインタビュー記録をまとめ、そこから考察される課題を整理しておくのもよい。

子どもとは、どんなことに喜び、また悲しむのか。子どもが求めているものとは何か。子どもの心で大切にされているものとは何なのか。家族や学校、地域はどのような影響を与えているのか。こうした基礎作業、基礎研究はくり返しやってみることで深まっていくと思う。

その上で、実際の子どもたちへのフィールドワーク、観察記録が必要になる。

地域に出て子どもたちの行動や遊び、話している言葉を見聞きして、その観察記録を作ってみるということである。

近くの公園での子どもの生態を観察し、写真やビデオで撮影したり、メモをとったりして行動内容を記録する作業。

デパートや駄菓子屋で子どもが何を見、何を買っているのか。関心のあるものは何なのか。学校から帰る子どもの後をつけ、どこに寄り、何をしながら自宅へ帰るのか。

中には子どもの遊びやケンカを記録した学生もいる。本屋やオモチャ屋で手に触れたものを調べてみるのも一つの方法。

そして、自分の家や近くの家の小さな子どもたちの日常行動を記録する方法もある。

そこから発展して、公園にいる子どもにインタビューが始まったりもする。学習塾でアルバイトをしている学生は、通ってきている子どもにインタビューやアンケート調査をしたこともある。

現代の子が何に関心があり、何に悩んでいるのか。何をほしがっているのか。あらゆる手法で観察と分析が行なわれ、その報告が発表されると、子どもの見ている本やテレビ、ゲームへの関心も湧いて、その内容を調べ始める学生も出てくる。

実はこうした現代の子どもの行動調査や観察は毎年行なって、その変化も見たいと思っていたのだが、数年後に大学の役職につくことになり断念せざるをえなかった。

ぼく自身は、大学生の子ども研究の一つの方法論として考えてきたのだが、こうした方法論は、子どもに関わる職業の人にとっても必要な作業なのではないかと今では考えている。保育や教育に関わる人、学童クラブや児童館、子ども会の指導者、児童施設や児童デイケアセンターの職員、さらには家庭児童相談室や児童相談所などの子どもソーシャルワーカーや、ケアワーカーにとっても大切なことだという気がしている。

その後のことも含めて、ぼくが構想していた「子ども研究方法論」をまとめると次のようになる。

子ども研究方法論（Ⅰ）

1．自分自身の固有の子ども体験を思い出し記録してみる。（子ども時代の具体的体験を記録す

る）

2. 他者（自分以外の人）の子ども体験の記録をする。（インタビューによる記録の作成）

3. 現代の子どもの暮らしを観察し記録する。（身近かな子どもたちの遊び、行動、言葉などをさまざまな側面から記録する）

4. 子どもに関する新聞記事、テレビなどの報道などを収集し、子どもの実態について調査をする。

5. 子どもの実態についての調査、研究をまとめた文献を収集し、内容を整理する。

この五つが、子ども研究の基礎編で、これと並行して、それぞれが関心をもっているテーマに即した調査、研究がスタートすると思う。ぼく自身は、大学を卒業して小学校教員、日本各地の共同体訪問、そしてドヤ街での子ども指導員、そして児童相談所のソーシャルワーカーとして、自己流で子ども観察と研究をしてきたと思うのだが、その上で見えてきたものをまとめたのが、第Ⅰ章で載せた「横浜・子どもの五十年」と「沖縄・子どもたちの戦後」である。

こうした考察は、さまざまな現場から今後、より具体的に報告される必要があるとぼくは考えている。

(2)　共同体と子どもの暮らし

大学を卒業して、ぼくは横浜市内の小学校の教師となった。技術的には未熟であったと思うが若いというだけで子どもたちとの出会いは感動的なものであった。

放課後も遅くまで子どもたちと接し、遊びも勉強も楽しかった。そして土曜日、日曜日も学校の近くの山や川、洞窟や原っぱで子どもたちと遊んだ。子どもたちは生徒というより、ぼくの若い友人という感じであった。

そんな中で家庭訪問があり、一人ひとりの家を訪ね、親と話し込み家族の様子を知ることになった。母親とユックリ話せる家が多かったが、家が荒れており、外で立ち話をし、家の中に入れない家もあった。

クラスの中では見えなかった、それぞれの家庭の現実、そしてその歴史も見えてきて、子どもを支える生活環境の違いに気づかされることになった。

義務教育とはいえ、教材や給食費、遠足の費用などは必要になる。ところがそうした費用が払えない家庭もあった。

また家庭の中で落ちつけず、学習する雰囲気のない家もあることもわかってきた。

かつては、子どもは家庭というよりも地域社会の中で育てられていくというのが自然だった。明治時代以前は学校制度もなく、暮らしていく上での知識や技能は地域の中で子どもたちは学んでいった。

農業や漁業、林業といった第一次産業では小さい頃から子どもも手伝っており、大人の仕事を身につけていったし、子守も家の掃除や風呂炊き、食事の支度や片付けなども当然のこととしてやっていた。

さらに村の行事にも参加し、子ども組の一員として役を与えられ、それをこなしていくうちに村の一員として育てられていった。

地域の大人も、どこの子かをお互いによく知っており、村の後継者として育ててくれたのであった。

ところが学校ができてからは、地域での教育力が希薄になり、家庭に子育ての中心が移り始めた。そうなると家庭の環境や経済力、労働力によって子どもたちの生活環境は異なるようになり、格差も生まれてくるようになっていった。そうした微妙な差が子どもたちの人間関係にも影響するようになり、何か行動する場合にもあきらめたり、断念する子も出るようになった。

ぼくの暮らしていた地域でも小学校の同級生で、大学まで進める子は少なく、中学や高校で就職する子が多かった。

いつのまにか「学校」の役割が大きくなり、勉強ができるかどうかが、その子の評価になってくる傾向が拡大してきたのである。

こうした状況の中で小学校教師となったぼくは、子どもの背後にある暮らしの実態が、一人ひとりの子どもの生き方に大きく影響を与えていると感ずるようになった。

現実の教育は、地域の人々の思いを受け止め、地域を育て、地域の後継者を育てるというよりも、個人の家庭に責任が負わされ、それぞれバラバラにされ、国家という枠組の中で、個々の子どもが国民として育てられる方向になっていたと気づかされることになった。

国家の子ではなく、地域社会の子として育てられていくことが大事だと思っていたぼくにとって、地域の人間関係の崩壊は、教育の衰退へとつながると思えたのであった。

そこで教師四年目の途中でぼくは教師をやめ、共同生活体とは何かを自分の中でしっかりと見つめ直すため、共同体の研究、そして共同体とは何かを体験する旅に出たのであった。当時、イスラエルの「キブツ」という集団生活体が世界で注目されており、一つ一つの共同体の中で仕事や暮らしも分担され、子育ても共同体で行なっていることを知り、キブツへの一年間の体験留学に参加することにしたのであった。

準備も整って、いよいよ出発となった直前に中東戦争が始まり、イスラエルに行くのは危険だということになり、ぼくはこの留学を中止することにし、その代わりに日本国内の共同体を廻って歩くことにしたのであった。

日本にも、一人ひとりを大切にした自由な共同生活体はいくつもあり、人々の関心も集めていた。有名なものでは、作家の武者小路実篤が中心となって始めた「新しき村」、尾崎増太郎が始めた「心境農産」、また山岸巳代蔵が提唱した「山岸会」などがあった。

当時、こうした活動の中心になっていた日本協同体協会に参加し、キブツ行きも考えていたこともあり、機関誌「月刊協同体《キブツ》」の編集を手伝わせてもらい、日本各地の土着共同体を回り歩いたのもこの頃である。

そして、北海道にあった山岸会の「北海道試験場」に住まわせてもらい、酪農による共同生活体も体験させてもらった。

共同体は、大きな家族のようになっていて、互いの協力によって生産も生活も成り立っており、子育ても共同体全体で取り組んでいた。それぞれの共同体には、共通した思いや理念があり、それに基づいて暮らしており、互いに助け合い支えあって、その共同体を継続し発展させていくことを目指していた。

したがって子ども時代から、その共同体の仕事や、その中で身につけるべきことは学んだり手伝ったりして、成長するにしたがってその共同体の一員として認められ、共に生きていく仲間に成長していくのであった。

共同体によって、その目的は異なっていたが共通しているのは、自然に感謝し自然と調和して生きること。そして、暮らしている人々と協力し、それぞれの役割を精一杯果たしながら、苦しい時も喜びも共有して乗り越えていくという姿勢であった。

イスラエルのキブツや、インドのグラムダン運動なども、こうした点は共通しており、互いに助け合い共に生きていくという関係の中で子育ても行なわれていた。

人が自然と共生して生きていくためには、それほど広い土地も、多くの人々を必要とはしていなくて、その共同体の生存生産活動に合わせて広さも人の数も決ってくるように思われた。

後に北欧の国、スウェーデンへ行った時、小さな共同のエリア（コミューン）があり、そこで自治生活圏が営まれているのを見て、共同体の現代版だと感じうれしかったことを思い出す。

スウェーデンでは一つのコミューンがだいたい二万人から三万人の規模であった。

そこには役所も病院も学校も店もあり、生活のほとんどはまかなうことができる。

日本でいえば地方自治体が、この位の規模になって共同生活を営むとすれば、お互いに顔もわかり、考えていることも分かり合え一緒に暮らすことが可能になると思えた。

日本の共同体の多くも自給自足を基本としていた。したがって農業が中心で食べものを皆でつくり、食の不安はなかった。

その上で、子どもが一人前に成長した時、この共同体で暮らすか、別の社会へ行って暮らしたいかを決めるのである。

一つの共同体で暮らし成長する中で、生きることの基本、生きるための基礎的な力を身につけ、一度共同体の外の世界を見てくる。

青年期に旅に出て、異なる暮らしや文化を体験するということは、自分自身の暮らしてきた共同体を見直す意味でも大切なことだとぼくには思える。

一人でさまざまな体験をした上で、自分がやりたいこと、暮らしたい場所を選ぶことが可能になり、生まれ育った共同体（市町村）に戻ってくるとすれば、それは頼もしい後継者の誕生ということになる。

人間にとって、もっとも大切なことは生きていく力をつけること。さまざまなことを知り学び、働き生活力を育てること。

そのためには、仲間や先輩からいろいろと学び、聞き、一緒にやってみること。

こうした実生活を過ごすための生活力をつけることと、人間としての基本的な能力である、言語能力を身につけることも必要になる。

これだけ豊かな言葉と、読み書き、記録するための文字を使用できるのは人間としての能力であり、対話力や説明する力も必要になる。その意味では言語能力や数学について学ぶための学校を共同体の中に独自につくっているというところもある。

あるいは、既存の学校へ通わせている場合もあるが、その場合でも共同体の考え方や育て方について学校と話し合い、理解してもらっていくという協力関係もつくっていた。

そして、日本の各地にある土着共同体の子どもたちはどこに行っても明るく逞しかった。

自分の親の存在は知っているが、それだけに限定することなく、共同体の大人たち、先輩たちは、もう一つの親でありきょうだいのように付き合っているのである。

聞きたいこと、教えてほしいこと、そして相談したいことがある時、会いに行き、悩みの相談もできるのである。

いわば共同体のすべての人が仲間であり、きょうだいであり、親や親族であるという関係が成立しているのである。

やはり子育てには、共同体という前提が必要だとぼくは感じていた。

しかし、実際には自分から共同体に参加していくことは難しい。同じ考え方の人が集まることは理想だが現実的ではない。

だとすれば今生活している地域が一つの共同生活体になれないかという思いが湧いてくる。市町村、あるいはもう少し小さな地域の中で考え方は違っても、一つの自治共同体として協力し支え合って暮らしていくことはできないのであろうか。

ぼくの思いはごく自然に地域を一つの共同体として再生する方向へと向かっていたのであった。

二　都市に暮らす子どもたち

(1)　ドヤ街の子どもたち

ぼくが四年余りの日本列島における共同体めぐりの旅を終えたのは一九七二年。

ぼくが三十歳の時である。どこか普通の街で共同体がつくれないものだろうかと考え、横浜に戻ってきた時、当時、横浜市長であった飛鳥田一雄さんが「子どもを大切にする市政」「民主的な地域づくり」を目標に、市長と市民が直接語り合う集まりをもっていた。

もともと弁護士だった飛鳥田市長は、国会議員もやっていたが、地域の中から暮らしを変えていく必要があると考え、市民と共に横浜をつくろうと自治体の改革に飛び込んできた人であった。

ぼくはその生き方に惹かれ、横浜の自宅に戻り、横浜市の職員になる道を選んだ。

横浜には、日本の三大ドヤ街と呼ばれる日雇労働者の街、寿町がある。

山谷（東京）、釜ヶ崎（大阪）と比べると規模は小さいが、子どもたちも住んでいる家族的な雰囲気をもっていた。

その街の中心に、横浜市が運営している生活相談所「寿生活館」がある。

その運営内容について寿町に住む人々と行政との話し合いが行なわれ、四階建ての建物が出来、職員も増やされることになり、職員募集が行なわれていた。ぼくはさっそく応募したのであった。

採用試験も面接もあったが、これまでのぼくの経歴も評価され、その年の四月からぼくは寿町の生活相談員に採用されたのだった。寿町の人々の相談にのるためには地域の暮らしを知らなければならないと考え、ぼくは寿町の簡易宿泊所（「ドヤ」と言う）に生活の根拠をおき、ドヤ暮らしを始めたのであった。

三畳一間のドヤは、一人暮らしには便利だった。やがて寿町の子どもたちがぼくのドヤを訪ねてくるようになり、一緒に食事をしたり、話を聞くうちに、親とケンカして帰れないので泊めてくれとやってくる子が出てくる。

狭い空間ではあるが何もないので四・五人の子どもは泊まれるので、子どもたちはぼくのドヤへ逃げ込んでくるようになった。

親の方も、市の職員のところへ行っているということがわかれば安心してまかせてくれたので、ちょっとした子どものたまり場にもなってしまった。

しかし、そのうちに、夫婦げんかをした奥さんが逃げ込んできたり、泊まれない大人も訪ねてくるということになり、三畳一間は少し手ぜまになってしまった。

どうしても、もっと広い空間が必要になってくる。そこで寿生活館の四階は日雇労働者の娯楽室として解放し、三階は子どもたちの空間として使用した。三階の方はボランティアの若者によって「青空会」という子ども会も生まれていった。

夜遅くまで飲食店も開いており、子どもたちも夜更かしをするので、子どもたちは朝はどうしても起きられない。

そうすると、寝坊して学校へは行けなくなる。寿町の子どもたちはごく自然に学校を休んでしまうことが多くなる。

そうすると勉強も遅れるし、友だちもできなくなり、学校にいるよりは寿町の中で遊んでいる方が多くなってしまう。

こうした子どもたちにどのような対応をしたらよいかぼくらも考えた。

寿町には保育園が二つある。一つは寿生活館の一階にあるもので、ここには寿町以外の子どもが通ってくる。

もう一つは、寿福祉センターで行なっている保育園で、ここには寿町の子どもたちが通っていた。

こうした幼い子どもたちの姿を見て、寿町の日雇労働者は、故郷に残してきた子どものことや、自分の子ども時代を思い出し、目を細めて見守ってくれている。

ドヤ街に子どもがいるというだけで何か雰囲気がなごんでくるから不思議だ。

寿生活館の三階を使って勉強会や読書会を始めるが、子どもたちはのぞきには来てくれるが中には入ってこない。

子どもたちのニーズ、思いを受けとめなければ居場所にはならないとぼくは感じた。

やがて卓球を始める子ができ、参加する子どもも多くなる。また野球がやりたいとキャッチボールが公園で始まる。卓球のラケットや野球のグローブやバットの準備をする。

女の子は編みものがしたいという。編みものの好きなお母さんに来てもらって指導をしてもらう。

男の子のマフラーや手袋を編む女の子が出てくる。

子どもたちが集まってくると、おなかがすいたので何か食べたいという話が必ずでる。

そこで何かつくろうということになり、パンケーキをつくってもらうと一緒にやりたいという。

クッキーや簡単なケーキづくりが始まり、お昼にはゴハンを炊いてオニギリをつくり、中に梅干やコブを入れ、ノリで巻くという単純なものだが、子どもたちはうれしそうにハシャギながら手伝っていく。

寿生活館の三階は、気がつくと小学生から中学生まで、そして保育園に通っていない小さな子どもが二十名余りも集まるようになった。

空腹の子が多いのでパンやオニギリは必ず置くようにして、おやつの時間には簡単なものを料理してみんなで食べるようにしたのだが、これが好評だった。

子どもたちは自分のことに関わってくれる固定した人を求めるようになってくる。自分のことだけを見てくれる人をほしがるのだ。そこで市内の大学に声をかけ、ボランティアの学生を募集したところ、さまざまな大学から女子学生を中心に十名ほどが、週に一、二度通ってくれることになった。

学生には担当の子どもとの交流をお願いしたところ、手紙をくれたり、一対一の勉強ができるようになり、子どもたちは大学生が来るのを心待ちにするようになり、それぞれの家にも連れて行くようになった。

こうして子どもや家庭との関係が濃くなってくると難しい問題も起ってくるので、必ずボランティアの学生とぼくら職員の間でミーティングをもち、情報を交流し、一人で抱え込まないようにしていった。

さらに学校の先生方にも伝えた方がよい情報も出てきたので、通学している小中学校の先生方、特に生徒指導の担当との定期的な交流会も始まった。

こうして人の出入りが多くなると、寿町の住人の中で卓球をやっていた人や、野球の得意な人、料理や絵、音楽の上手な人などが子どもたちのコーチ役を担ってくれるようになり、人の輪が重なり合い、一人ひとりの子どもへの目も届くようになってきた。

やがて寿町には共同保育所が生まれ、夜も子どもをあずかることもできるようになってきた。さらに少年野球チーム「寿べアーズ」が誕生。ユニホームも地域の人々の援助で揃うようになり、試合には応援団も行くようになった。卓球チームもでき、さらに「寿こども新聞」も発刊できるようになり、勉強の苦手な子どもたちが、記事を書き、絵や写真を入れ、少しずつ格好のついた新聞がつくられ、わざわざ買ってくれる人もでてきた。

こうして子どもたちを中心にして、大人たちも自分たちのやりたいことを力を合わせてやるようになり、寿町の自治会や日雇労働者組合、そして老人会や障害者のグループ、さらにアルコール中毒の人々の集まりもでき、文学会や俳句会などざっと二十近いサークルや団体が生まれ、その中心に寿生活館や、寿福祉センターが位置づき、さまざまな団体やグループが集まって「寿住民懇談会」が生まれてきた。個々のグループがバラバラではなく、一緒に話し合いできることをやっていこうという動きは、夏祭りの実現となり、無料の寿診療所の開設まで実現できるようになっていった。大人たちの学校も生まれた。

「寿夜間学校」では憲法や労働法、医療、映画や演劇など幅広いテーマが学べるようになった。

また文字が読めない、書けないという人たちのための「あいうえお教室」も生まれ、これは後に寿識字学校となって長く続いた。

寿町の住宅環境はよくなく、子どもも病気や皮膚病になることも多く、健康診断も行なわれるようになった。

小児結核や性病の不安もあった。

寿町のような日雇労働者の街は、一人ひとりが孤立し、仲間のいない寂しさから問題も起こるのだが、街全体がきめ細かな交流を始めると、不思議な交流の輪ができていくのがよくわかった。

子どもたちは、こうした大人たちの生活を見ながらモデルを見つけると真似をはじめ、自分なりのスタイルをつくっていく。

第Ⅱ章の「流民的子ども論序説」は、そんな寿町の子どもたちのぼくなりのスケッチである。

(2)　子ども食堂の可能性と課題

寿町に大きな構造不況の波が押し寄せたのは一九七〇年代の半ばからであった。

貿易量も減り、日雇い労働は激減した。

大企業の社員、正規雇用の職員は身分が保証されるが、非正規雇用の労働者や契約で働く日雇労働者は、すぐに打ち切られ、仕事にはつけなくなる。

職業安定所で紹介される日雇労働に頼っていた寿町の人々は、とたんにその日の暮らしに困ることになった。

人間が生きていく上で最も必要なものは「衣食住」だと昔から言われているが、本当にそのことが骨身にしみるようにわかったのがこの時期であった。

食べるものが手に入らないつらさ、空腹のひもじさは肉体をもって生きている人間にとって最も切実な問題であった。

後にぼくはデカルトの「私は考える。ゆえに私は存在する」という言葉に対して、デカルトは食べることに困ったことがない人なのではないかと述べ、むしろ「私は食べる。ゆえに私は存在する」ことが人間の本質だと書いた村瀬学さんの説に共感したのだが『食べる思想』（村瀬学著、洋泉社）は心に残る本となった。

やがて夏になり、子どもたちも夏休みで学校に行かなくなると給食がなくなる。

空腹の子どもたちにとって、給食は唯一の満足できる食事時間であったが、学校が休みになると食べることもできなくなってしまう。

そこで、寿町の親や大人たちは、この現実と不況の中で、何とか子どもたちに食事をさせたいと考え「子ども食堂」の案を考えるようになった。

保健所に相談に行き、街の食堂にも相談し、寿住民懇談会でも話し合った結果、保健所の協力も得て、寿にあるバプテスト教会を借りて夏休みだけの「寿子ども食堂」を開くことに決定したのである。

ぼくは全国の共同体に、お米や野菜、卵などを送ってくれるようにお願いしたし、街の中で料理の得意な人が手伝いに参加してくれた。

一回目はテストケースで、十人前後の子どもたち相手のライスカレーの食事をつくったのだが、すぐに街中に噂が広がり、翌日からはたくさんの子どもたちが集まるようになった。

レパートリーもふえ、子どもたちも料理をつくりたいと早朝から集まり、街の教会からはおいしい香りが漂い、子どもたちの場へと変っていった。

この「子ども食堂」は大人にとっても、とても刺激的なことで、参加した人同士が知り合いになり、昔のことや、お互いの出身地のこと、趣味や関心のあることなどを語り合い、食堂が終わってから集まって語り合う機会も増えてきたのであった。

食べることを媒介にして人はこんなにもつながれるのだということをぼくも再発見したのだが、食は人間の本質と関わるテーマなのではないかという気がしてきた。

この「子ども食堂」に来たかったが来なかった家庭に、お弁当を届けることも始まると、お年寄りの一人暮らしの人、また障害や病気で食事のつくれない人から、「余ったら分けてほしい」という注文まで出てきたのであった。

現在は「配食サービス」として一般化しているが、食べ物による人と人とのつながりは、心と心をもつなげているのだと実感することになった。

人は、空腹と同じく、心の空白、淋しさにも耐えられない存在だと気づかされたのもこの頃のことである。

寿夜間学校という、相互学習の場が週一回行なわれていたのだが、この学校を心待ちにしている労働者も多かった。

そこでの人気講座の一つに「私の自叙伝」というものがあった。

一人ひとりの労働者、街のオジさん、オバさんが自分の人生をふり返り、体験談を話すだけなのだが、いつも不思議な感動に包まれた。

懐かしい故郷の話、村祭りの記憶、戦争の体験、友人との別れ、親との別れ、どんな話がでてきても、参加者はそのどこかに共感して涙をぬぐったり、拍手をしたりするのである。

ある時、炭鉱で働いていた体験を話した人が、事故で亡くなった友人のことを語る途中で声がつまり、絶句した時「オヤジ、ガンバレ」「つらかったよなァ」「みんなでその人のために合掌しようゼ」などと声がかかる。

ぼくもそうした雰囲気に心を動かされたのだが、この会が終わった後、その人を囲んで更に話がドヤや居酒屋で進み、人と人とのつながりが深まっていくのである。

あゝ人は本当はつながりたいのだ。お互いの思いを重ね合わせ生きたいのだとぼくは、そうした光景を見ながら感じていた。

第Ⅳ章の「十四年目の免許状～寄せ場の相互学習」は、そんな中でぼくが考えていた教育の原型のイメージである。

それは子どもたちも同じで、やがてこの子ども食堂を、日常的なものにしなければ意味がないということになり「寿学童保育」がつくられることになったのである。

子どもたちの集まる寿生活館の三階の空間は、寿町とその周辺の子どもたちの暮らしの場、空間として解放され、指導員やボランティアの人々によって支えられるようになった。

学童保育所は、通常は学校が終わった後の放課後の時間に行なわれるものである。

ところが、寿町の場合、学校に行かない子どもが多く、午前中から生活館の三階へやってくる。

職員は一般的には閉鎖するのだろうが、現実を知っているので開けてくれる。

子どもとは、もともと複数形の言葉であるが、集まり群れていると安心する生き物であるらしい。

もちろん、子どもたちは学童保育にやってきても、いつも集団で遊ぶとはかぎらない。

一人で本を読んでいたり、畳の上にゴロリと横になっていたりする。

誰かがいて、安心してユックリできる場、それを子どもたちは必要としているのだ。

寿町では、子どもの生活する場はドヤであり、余りに狭すぎ、誰もいない空間となる。

子どもたちは、吸い寄せられるように学童保育にやってくるのであった。

寿町といえど都会である。都会には土や樹木など自然は少なく、全体がコンクリートによって固められている。

自然な環境は少なく人工的である。

したがって川や田、畑などもほとんどない。

自然の中から自分に必要なものとか食べものを取ってくる機会もほとんどない。

必要なものは、店に行って買うことになっており、お金がなければ手には入らない。

子ども食堂に必要な、料理の材料を身近かな田畑からもってきたり、果実を取ることもできない。

生産の場ではなく消費の場になってしまった都市では、何ごとも買うしかない。

子ども食堂や学童保育をやっていく中で、消費するだけの生活では、動植物やお米が育っていく姿や、それを収穫する喜びもないことに気づかされ、何とか田畑のあるところとつながりたいという思いが強くなった。

共同保育をやっていたメンバーは、静岡県に田や畑を購入し、住む家を確保し、米づくりや野菜づくり、川での魚とりなども始めるようになり、子どもたちもよく一緒に参加するようになった。

ぼくらも少し遠いが長野県の山村の廃校を借りることにして、都会と農山村をつなぐ回路をつくろうと計画し、もう一歩というところまでいったのだが実現できなかった。

人間は長い歴史の間、自然と触れ合い、農業や林業、漁業を生活の基盤としてきた。

その中で食べるものを育て、一緒に料理をしてきたし、住む家もコンクリートではなく木と土、草などでつくりあげてきた。

川や海とも共存し、自然の中で生きることが自然であったし、その中で生きるための技術や力、協力関係を学んできたのであった。

子ども時代から、都市で生活し、こうした自然と触れ合わないままで成長していく時代になると、人間として何か基本的なものが抜けてしまったような不安感がある。

自然の中で身につける感覚が失われ、合理的な対応が一般化し、人工物や機械との関わりの中で暮らしていると、自分の要求が中心となり、相互交流の中で成長し合う機会が奪われてしまう。

さらに分業が進むと、やってもらうことが当然になってしまい、自分以外の存在への思いや感情が育たなくなってしまう。

いろいろな人と出会い、さまざまな経験をし、多様な自然と触れ合うことを通して、子どもは自分で考え、試行錯誤しながら成長していくという大切な時間が、極端に少なくなっているのが都会の子どもの現実。

子どもには三つの「間」が必要だといわれている。育つためのユックリとした「時間」。

さまざまな子どもと出会い、遊んだりケンカしたりしながら育ち合う大切な「仲間」。

そして、さまざまなものに触れ合ったり、安心して寝ころんだり、走り廻ったりできる「空間」。

こうした「とき」と「友だち」と「居場所」。

それが現代の子どもから奪われ、失われているという気がしてならなかった。

寿町は、都市文化に染まりつつ、そこから外れている文化もまだ残っている。

そうした面を大切にしながら、農山村との交流ができたらよいとぼくは感じていたが、この思いは実現できなかった。

第Ⅱ章の「野生と自然を取りもどす」は、夏休みという自由な時間を使っての子どもたちの暮らしについて述べたものである。

三　子ども相談の現場と子ども臨床

(1)　児童福祉司とソーシャルワーク

ぼくが横浜市の児童相談所の児童福祉司になったのは一九八〇年代の約十年間。全国各地で子ども問題が多発した時期である。学校では、子ども同士のいじめや暴力事件。教師への反抗もエスカレートし、子どもたちにとって学校が安心できる居場所ではなくなった時期でもある。

内にたまった不満や反抗心を外に向かって吹き出す子どもたちが出てくる一方で、自分の内的世界に引き込もり、学校に出てこれなくなる不登校の子どもたちが一気に増えたのもこの頃である。また、家庭の中にも子どもたちには安心できる居場所はなかったようで、家庭内暴力も多く起こった。父親や母親への反抗が暴力にまで発展し、殺人事件になってしまうというこれまでの歴史には少なかったような事件まで発生してしまった。

また親の方にも社会的なストレスがたまってしまい、わが子への暴力、いわゆる児童虐待も起こるようになっていた時代である。

つまり、学校にも家にも子どもたちの安心できる空間がなくなってしまったことになる。

さらに、家庭と学校をつなぐ、地域社会の中にも子どもが群れて遊べる場がなくなっていくのもこの頃の特徴である。

学校外の公園や路地裏で、子どもたちの歓声が聴こえてきた時代から遠く、子ども同士のいじめや暴力が頻繁に起こってくる状況も発生していたのである。

これらを全体としてまとめてみると、子どもが子どもとして、子ども時代を自由に楽しく過ごせなくなった時代といえると思う。

学校でも家庭でも、子どもたちは一定の枠の中に押し込められ、生きていくルールや基準をつくられて、そこから外れてはならないという無言の圧力、強制力を与えられ、息苦しくなっていたのだと言える。

自由にさせてほしい、やりたいことやらせてほしいと子どもたちは思っていたし、感じていたはずなのだが、大人社会はそれを許さなかった。

子どもたちを自由にしておくと、将来、大人になってから生活ができなくなってしまうという不安を大人自身がもっており、そこから子どもへの暗黙の強制が始まっていたようにも思う。

子どもという存在は、もっとも自然に近く、「いのち」そのものとして生きているにもかかわらず、大人社会の枠の中に早くから入れてしまおうとあせる価値観が、大人も子どもも縛っていた時代である。

したがって、教師も親もまた社会人も、子どもの自由にまかせ、子どもの声を聴くよりは、現実社会のルールや決まりに従って生きる柔順な子どもを求め、そのように育てようとしていたのだと思う。

この頃、ぼくは児童相談所のケースワーカーとして活動を始めたのであった。

ぼくの仕事は、家庭や学校から上がってくる相談に対応することであった。

したがって、学校の教師からは学校不適合な生徒の対応についての相談が多かった。

授業中に騒がしく、落ち着かない生徒。授業を妨害する生徒。文句をいったり暴れたり、盗んだりする生徒の訴えが続いた。

相談を受けると、先生方の話を伺った後、相談所へ親や生徒を呼び出すのだが、親は来てくれても生徒はなかなか来ない。

したがって、学校や家庭を訪問して直接会って話を聞くことになる。

この頃のぼくの印象はどの子どもも素直で話しやすかった。ただはじめはかなり反抗的な態度をとっているのだが、ぼくの方が聴くことに集中していると態度は軟化し、親や教師、学校への不満を次々と話してくれる。

そして、最後には自分のやりたいことがやれないと悔やしがり、泣くことが多い。

大人になったらやりたいこともやれなくなるし、あきらめなければならない。

今しかできないから、思いきりやりたいのだというのだ。やりたいことの多くは音楽やスポーツ、遊び、旅行、アルバイトなどだった。そして、大人になることに絶望しているようにも見えた。

「大人になったら嫌な仕事しなきゃならないし、疲れ果てて、楽しいことないじゃん。大人になんかなりたくないですよ」

目の前にいる大人（教師や親、近隣の大人たち）に魅力を感じていないのだ。

そして魅力を感じるのは、テレビやビデオなどの映像に出てくる芸能人、スポーツマン、タレントなど。したがってそうした人物に憧れ、真似をしたいと思っているというのだ。

ケースワーカーとしてのぼくは、こうした子どもたちの声を聴くこと、隠された心の声を聞き取ることから始まった。

特に不登校の子どもたちは深刻だった。

大人ばかりでなく、同世代の仲間からも疎外され、無視されている悲しみは、言葉では言い表せないほど深くつらいことであった。

「死にたい」「生きてなんかいたくない」とつぶやく言葉にも真実味があり、カミソリやナイフでリストカットをする少年少女にも数多く会った。

また、現実から逃れたくてシンナーや覚醒剤を呑む子。実際に遺書を書き、マンションから飛び降りようとした子どももいる。

その頃、自殺していく小学生、中高生も多かった。どの子も遺書を残し、淋しくつらい孤独な日々のことを切々と書き綴っていた。

「この世は生き地獄」と書いた少年。「誰か私を助けに来て」と叫ぶように書いて亡くなった少女。どの子どもたちも現実に絶望していた。

深刻さの度合いは違うけれど、同じ時代を生きる子どもたちにとって、現実生活は決して居心地のよいものではないというが、ぼくにはヒシヒシとわかった。

子ども相談の第一線にいるぼくらは、こうして子どもたちの声を聴くことからスタートするのだが、その先、どうするかが重要。

思春期は一般的にも危機的な時期で、反抗期を過ごすことになるのだが、それは自分の生きる方向性を見つける大きな人生選択の時期でもある。

そんな時、どんな人に出会ったか、出会うことができたかが大きな経験になる。

偶然にでも、心をトキメカセル人や経験に出会えれば、その子の生き方や人生は変わっていく。

しかし、そのようなチャンスはめったにない。ケースワーカーの仕事は、一度切れてしまった「関係」をもう一度、つなぎ直す役割なのだとぼくは思っている。

関係を再生していく仕事。それが児童相談の基本的役割だと思っている。

したがって、まずケースワーカー自身が、孤立している子どもに信頼される人間として子どもに関わることから始まらねばならないと考えている。一般的には相談所に子どもを呼んで相談室で話を聴いたり、カウンセリングをすることになるが、自分のフィールドではないところで子どもはなかなか心を開けない。

ぼくは可能であれば、子ども自身のフィールドへ出かけていってそこで話を聴くようにしていた。その基本は家庭訪問、家や部屋でノンビリしながら話を聴く。

子ども自身のペースで、関心のある話をしてもらい、ぼくの方がそのことでいろいろ知らないことを教えてもらう。

同然、ぼく自身のことも話す。一般に相談する場合、ケースワーカーのプライバシーは守るというのだが、ぼくはお互いが知り合わなければ信頼関係は生まれないと考え、話せるかぎり自己紹介もしている。

こうして関係ができたら、ぼくの信頼できる人を、その子どもや家族に紹介する。つまり関係を拡大させていくのである。

ぼくの活用させていただいたのは、地域の民生委員さん、主任児童委員さん、そしてボランティアの方、児童館、保健所、学習塾の先生など。児童相談所の時代は民生委員、主任児童委員の方々と定期的な勉強会を開いていて、ソーシャルワークについて、地域の社会資源の活用、心理学などについて学び合っていた。そして、その子どもに合っている方を紹介し、家庭にも同行し、その後一緒に食事をしてもらったり、可能であれば家の片付けとか、勉強を見てもらうような関係へもつなげていった。

信頼できる人との関係の和が少しずつ拡がっていくと、今度は自身で訪ねていくようになるし、地域に集まれる場所、例えば公民館、青少年センター、児童館、学童保育、子どもセンターなどがあれば通うようにもなる。

ユニークな学習塾や音楽教室、絵画教室も子どもたちの心を拓いてくれる。

ソーシャルワーカーは地域のさまざまな人脈や社会資源を知っていないと、苦しんでいる子どもや家族を次につないでいくことができない。日頃から地域を歩き、いろいろな人と出会い、情報を集めておくことが必要だと思う。

ぼくの夢は、近所のオジさんとして苦しんでいる子ども家族と会い、必要としていることに応えてくれる人や機関、場所につないであげることだと思っている。

本当は町内会や自治会が、こんな役ができるといいなァと思っているのだが、結局は相談員は、最終的には暮らしやすい安心できる地域をつくるのが仕事だという気がする。

第Ⅲ章は、そんな思いで書いているし、児童相談所の仕事としては『子どものいる風景』（一九八六年）や『風になれ、子どもたち』（一九九二年）がある。また『親とは何か』（一九八二年）の中では、一人の少女との関わりを通して、人間の成長について、学校論についてまとめてみた。

(2)　地域における子育て支援

児童相談所でケースワーカーをしている間、ずっと考えていたのは、子どもと家庭を支える地域のサポート機能をつくることであった。子どもの成長にとって家族や親、きょうだいとの関係は基本的なものであり、大事であることは間違いないが、現在の不安定な雇用状況の中では、家庭だけに子育ての責任を負わせることは無理で、どうしても家族を包み込むように地域の環境が整わなければいけないと考えていた。

それでも問題が起ったり困難な状況になった時だけ相談や支援をするものではなく、日常的につながり合い、安心して付き合える関係をつくりたいと思っていた。

簡単にいってしまえば地域共同体、みんなが自分の故郷と思えるような村、コミュニティをつくることが、その究極の目標だという気がしていたのであった。

しかし、すぐにそのような関係も質もつくり出すことはできない。

ジックリと身近なところから関係をつくり、持続していくこと。

現在はそのための過渡期としての「つながり」を形成していくことが大切で、その媒体に児童相談所がなれないだろうかと考えていたのであった。

児童福祉司は、横浜の場合、担当地域が決められ、その地域を廻ることになるのだが、担当する期間は三年位である。

せっかく関係がつくられた頃に移動してしまうことも多く、継続して地域との関わりを深めることが難しい。

そこでぼくは、児童相談所の中に「地域担当」の課を設け、数名のチームで子育て支援の地域拠点をつくる仕事をしたらどうかと考えていたのだが、予算も少なく人員増ができないということで、その実現はできなかった。

したがって、ぼくは地域の民生委員さん、主任児童委員さんの定期的な交流学習会と、「児童相談所だより」という通信を発行し、地域の中で子どもと関わったり、関心をもってくれている個人や団体とのネットワークづくりも行なっていた。

こうして三年ごとに担当地域が変って、約十年後、ぼくは思いもかけずに横浜市立大学の教員になることが決まった。

担当科目が「社会福祉」だったので、大学のある地域の人々と交流を深め、地域での支え合いの網の目を作っていこうと決めていた。

大学に赴任してすぐつながったのが精神障害者の方々の地域作業所づくりであった。

精神病院を退院してきた後、地域で暮らしたいがなかなか仕事もなく、人と出会うチャンスもない。この地域では数年前から地域作業所が開所され、精神障害者とその家族の居場所となってきたが、希望者も増え、内容も充実したいと考えて新たな活動が始まったところであった。大学の教室や保健所を会場に会議が何度も開かれ、第二の地域作業所を開設することができた。場所探しや、地域の方々、町内会、商店街の方々に理解してもらうため、何度も説明会を開いたり、お訪ねして話し合ったりしたので地域の方々とはスッカリ知り合いになることができた。

この中で、不登校の中学生や十代の青年が家の中にしかいられず淋しいということで、作業所へ来てはいけないかという相談があった。言われてみると、この地域に不登校や家の中から外へなかなか出られない子ども、若者が気楽に行けるような場所がないということに気付いた。

また、ぼくが思っていた以上に不登校を抱える家庭も多いことがわかってきた。

そこで、保健所にお願いして「思春期問題講座」を開催してもらい、医療、心理、子どもと関わる現場、学校の先生、親などいろいろな方々の話をしていただき、一緒にどうしたらよいのかを考える企画を立てたのであった。

ぼくもその中の一つの講座を担当させてもらったのだが、十回余りの講座が終了しても、参加者はもっと話したい、何か子どもや家庭を支える活動がしたいという思いがあふれ、講座をこのまま終わらせるのはもったいないということになり自主的に「金沢区思春期問題研究会」が立ち上がることになった。

中でも熱心だったのは民生委員、主任児童委員の方々。今までも何かしたいと考えていたのだが、単に相談にのるだけではなく、具体的、実際的に支えてあげたいと考えておられたのである。

そして、その研究会に不登校の子どもを抱えている母親や、家の中から外に出ないで苦しんでいる子どものいる方も参加していた。

さらに家庭内暴力で悩んでいる家族の方々も参加しており、具体的な活動を期待しているのであった。

やがてこの研究会は「金沢虹の会」となり、実際に苦しんでいる方々を具体的に支える方法や活動を模索することになった。

自主的な会議や、相談会、学習会を続けながら「金沢虹の会」が正式に設立したのは一九九五年の六月。

設立総会には親や子どもたち、そして民生委員や市民の方々、そして行政や社会福祉協議会の方々が数多く参加してくれ定期的な集まりの他に、まず「親の会」が生まれた。

それぞれの悩みを語り合い、いろいろな意見が出され、回を追うごとに参加者も増えてきた。そして学習会では小中高校の先生方との意見交換会や、不登校から立ち直った人から体験談を聴くことなどが行なわれた。

そして二年目からは「フリースペース虹」という子どもたちの集まる場がつくられた。

二十名を超える大学生がボランティアとして参加し、集まってくる子どもたちも増え、ボランティアの方々は食事をつくってくれるようになり、食べて話して唄って、ゲームをして勉強するという子どもたちの居場所が動き始めたのであった。

地域の民生委員でもあった井深旦子さんが代表をつとめてくれ、さっそく『輝』という通信が発行されるようになった。

三年目の一九九七年の記録を見ると、「フリースペース虹」への参加者は、延べ人員だが子ども三百四十九名、学生ボランティア二百十九名、大人五百八十八名。参加人数の合計は千百五十六名となっている。毎週一回（年四十八回）というまだ開いている回数は少ないが、いかに期待されているかがわかる数字である。

また、この年から不登校、中退者のための進路説明会「私の生き方探検」も始まった。

さらに区内の小中学校の父母、先生方三千人へのアンケート調査も実施した。

行事としてもウォーキング会、福祉バザー、ワークショップなど、子どもたちや父母の発案で楽しい催しも行なわれるようになった。

また「父親の会」も始まるなど、序々に市民の間に拡がっていったことがわかる。

毎年発行されていた『輝』の巻頭書から、文章を引用しておく。

「参加されている皆さんが作りあげようとしているのは地域社会の温もりを取り戻そう、青少年をごく自然に見守ってきた近所のおじさん、おばさんの目線と愛情を取り戻そうとしているように思われます。そこで交わされる会話は〝困った時はお互いさま〟という優しさで満ちている。」（一九九六年）

「市民らが〝金沢虹の会〟という小さなグループを設立したのは今から五年前です。

親の会、フリースペース、学習会や講習会、電話相談といった活動の中で、不登校を中心に思春期の子どもの諸問題に取り組み、親や子どもらと共に問題解決に向けてさりげなく伴走を続けてきました。そして私たちは、子どもたちは自由に生きる条件があればごく自然に育っていくこと、また子どもたち自身で考え、判断して進路や行動も決めていくことができることに気付きました。

自分を認め、肯定することができれば、人間は現実の困難な問題にも向き合えるのです。「金沢虹の会」はそうした関係のできる集まりになりつつあります」（二〇〇〇年）

「先日の〝父親の会〟でKさんが〝子どもたちも悩んでいるけれど、私たち父親もこれからのこと、生き方のことで悩んでいるんですよ〟と話されました。親だってユックリ時間をかけて話を聞いてほしいし、考える時間がほしいのだとあらためて考えさせられました」（二〇〇二年）

「今年度はフリースペースと親の会の活動に大きな変化がありました。一つは金沢区行政と民間との協同で〝フレンドリースペース金沢〟を社会に送り出したこと。不登校の子どもの居場所として六歳から十八歳までの子どもを受け入れるフリースペース事業を中心に、相談事業、地域交流事業と順次運営をしていきます。もう一つは親の会から〝さつき会（ひきこもりの家族会）〟を設立させたこと。

〝金沢虹の会〟も設立して十年目を迎え、市民と共につくる居場所として新たなスタートを始めます」（二〇〇四年）

こうして「金沢虹の会」の設立から十年の流れを見てくると、思春期だけでなく子どもから大人へと成長するトータルな人間の暮らしを受け入れたこと。そして市民と行政が協同し（力を合わせて、市民のニーズにあった活動づくりへと進んできたことが伺えるぼくは、この十周年の集いの時は沖縄から声をかけてもらって参加したのだが、小さな当事者のつぶやきが、支える人との出会いによって少しずつ拡大し、地域全体の動きになっていく様子が目に見えるようだった。

こうして居場所はできたが、さらにその先に地域で生きていく場、仕事の場をどのようにつくっていくかという大きな問題がある。

誰もがもっている力を発揮し、仕事をもてるし働ける地域社会をどうつくることができるか。こうしたことが具体化した時、地域共同体の骨格ができるような気がする。

四　「子縁社会」の創造に向かって

(1)　子どもの居場所をつくること

沖縄に本格的に子どもに関する問題を考え、その解決をしようという集まりができたのは二〇〇六年五月のこと。

人や社会と関わる仕事をしている人々や研究者が結成した日本社会臨床学会の第十四回大会が沖

縄で行なわれ、そのシンポジウムの一つに「今、沖縄の子どもたちは…」というテーマが設定された。

沖縄大学に学ぶ学生や教員、そして地域で子どもたちに関わっている市民による準備会が開かれ当日を迎えるのだが、その呼びかけを行なった赤嶺一子さんの文章がある。

「今年で十四回目を迎えるこの学会が沖縄を会場に開催されることになり私たち学生も実行委員会を結成し、その準備に取り組んでいる。二十日は沖縄の子どもたちに焦点を合わせ、子どもたちの現状はどうなっているかについて議論する。

私は以前から社会教育指導員としてジュニアリーダー、子ども会の活動に関わってきた。

私の出会った子どもたちは、心の寂しさを友だちとの夜遊びで満たしたり、親との関係がぎこちなく悩んでいる子どもが多かった。

個人的に関わっていこうと努力しながらも根本的な解決には至っていない。

その対処方法を模索しながら私は社会人学生として、沖縄大学で社会福祉文化を学ぶようになった。

沖縄は夜型社会といわれ、コンビニでたむろする若者が多い。声をかけると〝どうせ家に帰っても誰もいないし、ここだったら友だちいるし〟と答える。

沖縄の子どもたちを取り巻く環境は決していいとは言えない。

私たちは今回の学会を契機に〝沖縄子ども白書〟の作成なども検討したいと思っている。」（沖縄

タイムス、二〇〇六年五月二十日）

当日のシンポジウムには、石川キヨ子さん（みどり保育園園長）、宮城秀輝さん（県子ども会育成連絡協議会）、砂川恵正さん（県中央児童相談所所長）、坂本清治さん（久高島留学センター代表）、浅野誠さん（浅野にんげん塾主宰）が登場し、発表してくれた。

保育園の敷地内に地域の人が集まる子育て支援センター「なんくる家」を建てた石川さんは「毎日いろんな人が来て、中には泣きながら心をぶちまける人もいる。こちらが示唆しなくても、人は話すことで自分で答えを見つけていくもの」と述べ、子育ての悩みを受けとめる場所づくりが大事だと報告。

子ども会の宮城さんは「子どもが地域行事に参加し集会所に集まることで、大人の自治会活動も活発になった。誰々の子どもだねと大人が呼んでいた昔と違い、今は誰々のお母さんと呼び合うことで地域がつながっている」と話した。

そして、その日の報道をした地元紙には「子どもの存在が地域力に」と大きく書かれていた。

そしてその日、沖縄子ども研究会の設立準備会の趣意書が配られている。

そこには、次のような文章があった。

「沖縄は地縁、血縁の濃い地域と言われており、子どもたちもユイマールの中、地域の子どもとしてのびのびと育ってきました。

しかし、近年の社会情勢の変化により、地域共同体は崩壊し、厳しい経済事情の中、児童虐待や深夜徘徊などの深刻な児童問題が起きています。

にもかかわらず、沖縄の子どもを総合的に研究し、またその成果を実践する集まりがなかなか実現できない状態にありました。

このような現状にかんがみ、沖縄の子どもと子どもを取り巻く環境に関する研究と実践を総合的に行ない、沖縄における児童問題の改善に寄与することを目的として、沖縄子ども研究会を開設するために設立準備会を設置します。」

こうして多くの市民、学生、研究者によって支えられ「沖縄子ども研究会」は二〇〇七年に正式に発足する。

そのパンフレットには次のような活動内容が示されていた。

沖縄こども研究会の活動内容

1. 沖縄の子どもたちとその環境に関する調査、研究を行ない、その成果を具体的な実践を通して広め、また提言を行なう。
2. 県内外の子どもに関わる機関、団体、実践家とのネットワークづくりを有機的に進める。
3. 県内の大学等教育機関と連動し、学生と現場とをつなぐ新たなる学び合いの場づくりをする。
4. 調査、研究、実践の成果を共有し、ネットワークの交流を促進するための学習会の開催や機関誌の発行を行なう。また将来的には、雑誌『子どもと文化（仮称）』や『沖縄子ども白書』の発行を目指す。

5．同研究会の活動趣旨と同様の理念を持つ「日本子どもを守る会」の活動に参加し、地域組織として独自の活動を展開する。

こうして「沖縄こども研究会」が発足し、毎月定期的に子どもフォーラムが行なわれ、県内の各地で、子どもに関するテーマを設定し、さまざまな団体やグループによる発表や問題提起が行なわれるようになった。

設立総会を報道した地本紙は「共同体で子を守る」「フォーラム開催、機関誌を発行へ」と書いてくれた。

そして同じ二〇〇七年の八月には九州各県で人権教育に取り組む九州地区県同教連絡会（九同教）と沖縄の子ども関係の各団体が連携して「九州・沖縄地区子ども支援ネットワーク交流学習会」も結成され、第一回の学習会が行なわれた。

九州の旧炭鉱地帯での貧困もかなり厳しく、沖縄の現状と似ているところが多く、この学習会も、それ以来毎年集会を開き、ミニ集会や実行委員会と合わせると、年に数回の集まりをもっていた。

こうして、県内での相互学習、情報交流が進み、それぞれの分野で活動も活発になり、新しい試みも生まれてきた。

しかし、ニーズが高いにもかかわらず公的な対策が進まない現実もある。

そうした中で、二〇〇九年八月、沖縄こども研究会は県の中央、コザ両児童相談所など里親家庭百二十六世帯、児童養護施設九ヶ所などを対象に、児童虐待を受けた子どもたちがどのような対応を受けたかを調査した。

その結果、二〇〇五年~二〇〇八年度に虐待された児童（要保護児童）を、県内の児童相談所の一時保護所で受け入れた数は、六百九十人。全体の対象児童の五十四・六%であることがわかった。

その理由は、県内の一時保育所は1ヶ所しかなく、しかも満員で、必要があることはわかっているが預かることができず、やむなく里親や児童養護施設で預かる「委託一時保護」となっているというのである。

しかし、実際には専門家の揃った児童相談所とは異なり、里親さんや児童施設でも負担も大きく悩んでいるといった実態も明らかになった。

受け入れている里親さんや施設の職員は「家族の一員として迎えるのに、委託費は一日千五百六十円。余りにも低く負担が大変」とか「着の身着のままの委託なので、ミルクやオムツ、衣類などもすべて準備しなければならず大変だった」また「受け入れれば受け入れるほど施設内が落ち着かなくなり、子どもたちも、職員も精神的にも負担は増すばかり」という意見がたくさん提出された。

虐待を受けた子どもたちは、単に居場所があればよいだけでなく、大きな心理的な負担も抱えているので、専門スタッフも揃えた児童相談所の一時保護所での対応が必要になっているはずである。

そこで、この調査をまとめ、県内の児童相談所に少なくとも、もう一ヶ所の一時保護所を設置するよう県に要望したのであった。

この種の調査は今までされていなかったこともあり「沖縄子ども研究会、虐待児保護について初調査を行なう」「保護所の早期整備を訴える」という見出しで大きく取り上げてくれ、数年後に、コザ児童相談所が改善され、待望の一時保護所が設置されることになった。

こうした地道な活動も続けながら、二〇一〇年には念願の『沖縄子ども白書』が刊行され、日本子どもを守る会との共同研修会「日本子どもを守る文化会議」も沖縄で開催することができたのであった。

また『沖縄子ども支援ガイドブック』が、九州・沖縄子ども支援ネットワーク交流学習会の力で発行されたり、子どもの貧困対策への具体案もつくられ、県内の活動も活発になってきた。

そして、二〇一四年六月、第八回の沖縄子ども研究会の総会が開催された。

そして、沖縄子ども研究会は初期の目的を果たしたと判断し、今後いっそうの発展を目指し、今年度中に解散することを決めたのであった。

そして、今年度中にシンポジウム「いま、沖縄の子どもたちは（パートⅡ）」を県内の各団体、グループ参加のもとに開催し、県内の子ども、若者関係諸団体による新たな連絡協議会を発足させていこうと話し合った。

今、もっとも必要とされているのは、子どもたち、若者たちが安心して集まり語り合い、そして何かを始めたくなるような「居場所」であるということは誰もが認めている。

地域の中に、歩いて行けるところに「子育て支援センター」や「児童館」そして「学童保育（クラブ）」や「ファミリーサポートセンター」などがあり、話を聴いてくれる人がいる。安心してそこにいられる場所が必要だということである。それが新しい地域づくりの拠点になっていくこと。それが、これまでの取り組みの中からハッキリと浮かび上がってきているのが、まさに現在なのだという思いがぼくにはある。

(2) 子どもとつくる地域《まち》づくり

子どもが元気に遊んでいる地域は活気があり、子どもを軸に大人も明るくなってくるという光景は、誰もが知っている事実である。

しかし日本では一九九〇年代に入って合計特殊出生率が二%を割ってしまい、一・五まで下がってしまったことから「一・五ショック」と言われ、政府も真剣に子どもの数が増えるための対策を考えるようになった。

それが文科省、労働省、厚生省、建設省の四大臣の合意でまとめられた「エンジェルプラン」である。また一九九五年からは緊急保育対策五ヶ年事業もスタートしている。

それ以後、少子化対策推進基本方針も出され、先のエンジェルプランの四省に加え大蔵省、自治省も参加して二〇〇〇年には「新エンジェルプラン」も作成されている。

さらに二〇〇三年には「少子化社会対策基本法」「次世代育成支援対策推進法」も次々と制定され、「子ども・子育て応援プラン」が二〇〇六年から動きはじめ、「新待機児童ゼロ作戦」（二〇〇八年）、「子ども・子育てビジョン」（二〇一〇年）と子ども、子育てに関する新システムの検討が進められ、二〇一二年六月二十六日に国会で「子ども・子育て関連法」が可決した。

これまで二十年余にわたって検討されてきたのは、子どもの数が減っているので何とか子どもをふやしたいということである。

それは、高齢化社会に入り、高齢者を支える労働者層が減少し、経済力が落ちるということへの不安感からすべてが発想されている。

この発想は、子どもも高齢者も共に保護していかなければならない対象者として見ているところから生まれてきている。

保護されるべき受益者としてみているのである。けれども、子どもも高齢者も、生きる力も意欲もある主体者であることも事実で、そこから発想を変えていかないと状況は少しも進んでいかないような気がする。

例えば「高齢社会」と言った時、高齢者を支える社会とぼくらは考えてしまうが、逆にこれまでの人生で、さまざまな経験と知恵、そして技術や能力をもった高齢者が支える社会と考えると、もっと展望は明るくなる。高齢者が支える社会、それが「高齢社会」ととらえることが重要ではあるまいか。

　これまで社会の第一線で、あるいはさまざまの現場で活かしてきた力を、六十歳（六十五歳）でやめさせるのではなく、その後も地域社会の中で活動を続け、活かしていく社会を構想することで、発想は逆転し豊かな未来が見えてくるはずである。

　また同じように、子どもたちも大人たちから世話をされる存在として保護され面倒をみてもらうことだけが課題になっているが、逆に子どもたちにやってもらうことをドンドンやってもらう。地域社会の中心的存在として子どもたちに活躍していく場をつくっていくことで、子どもたちも元気になり、地域社会も大人たちも助かるのではあるまいか。

　こうした発想に切り換えていくことになれば、子どもも高齢者も生き甲斐を感じ、自分の存在に自信をもつようになってくる。

　だとすれば「少子高齢化社会」は決してマイナスな社会ではなく、子どもと高齢者がハツラツと生きる可能性に満ちた社会になっていくはずである。

　その意味で地域社会の中で「子ども」や「高齢者」にやってもらう役割や仕事をつくり出し、見つけていくことが、これからのあり方になってくるはずである。

　例えば、この度の「子ども・子育て関連法」では、幼稚園と保育所に分離されていたが共通の給付制度を創設し、そこに認定こども園も含めている。さらにこども園は「幼保連携型認定こども園」となり、幼児期の子どもの受け入れ体制が共通化し指導監督も一本化されることになった。

そして地域子ども・子育て支援事業がより一層充実し、十三の事業が地方自治体によって実施されるよう規定されている。

子ども、子育て支援の対策の中心は、各地方自治体にまかされ、自治体ごとに子どもや子育てのニーズを把握し、その実現に向けて五年間の計画をつくらなければならなくなっている。

そして、地域ごとの実態にあわせ事業計画を立て、その実施を見守っていく場として「地方版子ども・子育て会議」の設置を努力義務としているのである。

各自治体では既に地方版の「子ども・子育て会議」を設置し、地域の実情に合わせた対策づくりに入っていると思うのだが、いよいよ子育て対策も地域ごとにつくる時代に入ってきたといえる。

この十三の子育て支援事業の中には「乳児家庭全戸訪問事業」というものがある。

生後四ヶ月までの乳児のいるすべての家庭を訪問し、子育て支援に関する情報提供や養育環境の把握を行なう事業となっているが、この一つを実現するためには、自治体の保健所と地域が協力して行なわなければ難しい作業となる。同様に「養育支援訪問事業」もある。

養育支援が必要な家庭に対して、その家庭を訪問して、養育に関する指導・助言を行なうことにより、その家庭での適切な養育が行なえるようにするというのである。

こうした事業を役所にだけまかせておいてやれるかという問題がある。

日頃から近所の人たちが付き合い、お互いに情報交流していなければ、養育支援の必要な家庭がどこにあるのかもわからない。

そうなると地域の中に「地域子育て支援拠点事業」の設置が重要になってくる。子どもや保護者が日常的に交流できる場所を身近なところに設置し、子育てに関する相談や助言、援助などが受けられるようにしなければならない。

現代の子どもたちは、学校と家庭以外に自由に集まれる場所がないのが現実。親が働きに出ていたり、いなかった場合、行く場所がないのである。

そんな時、安心していける場所があれば子どもも親も安心である。例えば、「児童館」、ここでは幼児から十八歳までの子どもが行けるようになっている。設備も指導者も配置されており、友だちと遊べたり、本が読めたりできるし、指導員に相談もできる。費用もかからないので、地域にとってはもっとも安心できる子どもの居場所である。しかし、最近「児童館」は全国的に需要はあるのに減少傾向にある。

雨の日も室内で遊べ、外には公園や運動場も併設されているところが多いので、各小学校区に児童館があれば、一気に子どもたちの居場所は充実する。

ここでは年長の子と、年少の子が一緒にいるので年上の少年少女が、お姉さんお兄さん役を果たして、一定の役割や責任を全うすることで、人間的に成長することもできる。

また年少の子どもたちは年上の子どもたちを見ることで、自分たちのモデルを見つけ、憧れたり真似ることで、成長への意欲をかきたてられていく。

こうして児童館が充実してくれれば、地域子ども会なども合同で行事をしたり、さまざまな企画もできる可能性がある。

幼ない子どもたちであれば、地域の保育園や幼稚園、認定こども園の周辺に「子育て支援センター」をつくり、親子ともに集って交流したり休める場にもなる。

このように、地域に「子育て支援センター」と「児童館」があれば、子どもにも親にも行ける場所ができ、そこで地域の子どもたちの様子を知ることもできるようになる。

自治体の中で、「児童館」「子育て支援センター」「小・中学校」「保育園・幼稚園・認定こども園」の関係者が集まり、市町村の「子ども・子育て会議」の委員と定期的な情報交流をすることができれば、それだけで日常的に地域の子どもや家庭の状況が見えてきて、何かあればすぐ対応することも可能になる。

このほかに、学童クラブ、ファミリーサポートセンター、民生委員、主任児童委員などが加われば、ほぼ小規模地域の実態は見えてくるに違いない。

本来は、こうした動きを支え、つくっていくのが地方版の「子ども・子育て会議」の役割だと思うのだが、その成果が問われているのがこれからだと思う。

やはり基本は、子どもの成長に合わせて地域が変化し、暮らしやすい場に変わっていくことだと思う。

そのためには最もエネルギッシュで可能性に満ちた子どもたちを中心にして、子どもたちの声を聴き、その思いを受けとめて地域づくりをすることが大切になるのではないかという気がする。

かつて地域をまとめる力は「地縁」「血縁」と言われてきた。

しかし、そうした縁だけでは人は集まり、やる気が起こせなくなっている。

そうした中で「子縁」は新しい可能性を孕んでいると思う。

子縁とは、子どものつながりを核にした地域の人間関係のこと。

子どもは人間として成長していくが、そのプロセスで人間関係は不可欠なものである。

さまざまな人に触れ、ネットワークをつくることによって、その人の影響を受け成長していく存在である。

こうした地域の子どもたちの成長を見て、地域の人々も元気になり、それまでとぎれていた関係を回復し、地域のつながりが取り戻せる。

地域には子どもの成長に合わせた祭りや祝いごと、行事をつくり、子どもたちを主人公にしてサポートするという大きな役割をもっている。

また、地域の仕事に子どもたちが参加をし、地域の担い手となってもらうことで、子どもたちにもやる気や自信が湧いてくるはずである。

特に、子どもたちの居場所づくりや行事づくりに参加していくことができれば、子どもたちの意欲も高まっていくと思われる。

こうした地域での子どもとの関わりが深まってくれば、学校との関係も今まで以上につながってくるはずである。

戦後、学校教育は、地域や保護者と一緒につくっていくものだということで「ＰＴＡ」が形づくられ、保護者と教師が手を携えて学校経営を行なってきた時期もあった。

しかし最近は、教育も子育ても専門機関にまかせてしまう家庭や親が多くなってしまい、要求だけをするようになってしまった。

子育ては教員と親が共にやっていこうというＰＴＡの理念は、もう一度「子縁」を軸に問い直してみたい発想である。

その上で、小中学校区を一つの「子縁」の地域と考えるとすれば、地域の自治会・町内会とのつながりもありうる。

自治会（町内会）は、地域の暮らしを守り支える組織であり、地域の人々の思いを受けとめて運営されるものである。

次世代を担う子どもたちを守り支えていく地域としては、子ども会や地域の子育て支援団体（グループ）の思いを受けとめ、学校とも力を合わせ、子育てに関わっていくことが必要になる。

ＰＴの次にコミュニティの「Ｃ」をつけ加えて「ＰＴＣＡ」と呼ぶ地域や学校も出てきている状況は、学校も今回の「子ども・子育て関連法」とのつながりの中で大きく発想を変えていかねばならないと思う。

こうして、地域で子どもや若者を支えていくことが大きな方針になってくると、これを実質的に支え、実現していくコーディネーターが重要になってくる。

子ども・若者の成長を軸に、地域のネットワークを再構成し、新たな地域づくりをする人材がどうしても必要になる。

ぼくは、その役を果たせる人を「子どもソーシャルワーカー」と考えているが、子育て支援を軸にして地域のつながりを再興していくための人材は、それまでの地域の経験の上にさまざまな方法や理論をつなぎ合わせ、一定の方法論をもたなければならないと思う。

今後、そうした「子どもソーシャルワーク」や「地域コーディネート」を活用できる学びの場、相互学習の場が、各地に必要とされると思う。現場での相互学習の中からそのための学びの場、例えば「子ども大学」のようなものができてくると、理論と実践がより重なり合い、地域共同体と子縁との関係も明白になってくると思われる。

その意味で子どもと共につくる地域づくりは、現代の最重要課題だという気がする。

そしてまた、子どもと暮らしの臨床学もこれからがいよいよ本番だという気がする。

初出一覧

第Ⅰ章一　横浜・子どもたちの五十年　市民グラフ、よこはま№93　横浜市、一九九五年
第Ⅰ章二　沖縄・子どもたちの戦後　沖縄の小児保健、№37　沖縄小児保険協会、二〇一〇年、講演
第Ⅱ章一　戦後の子どもの現像について　夏休み子どもの生活　明治図書、一九七四年
第Ⅱ章二　流民的子ども論序説　婦人教師、№79　明治図書、一九七八年
第Ⅱ章三　戦後子ども思想史から見るノンフィクション　ぱるる、№12　パルロ舎、二〇一〇年
第Ⅲ章一　悲しみと癒し　現代のエスプリ、№４２１　至文堂、二〇〇二年
第Ⅲ章二　スクールソーシャルワークと社会資源　スクールソーシャルワーク論　学苑社、二〇〇八年
第Ⅲ章三　福祉の視点から子どもの援助とチーム援助　児童心理、№９２７　金子書房、二〇一一年
第Ⅳ章一　アジール的空間の創造　厚生保護、第47巻6号　法務省保護局、一九九六年
第Ⅳ章二　地域や学校に多種多様な〝学びの場〟をつくりだす　ひとネットワーク№２
太郎次郎社、一九九八年
第Ⅳ章三　十四年目の免許状　教育労働研究、№10　社会評論社、一九七八年
第Ⅴ章一　沖縄の現状と子どもたち　季刊・保育問題研究、№２３８　新読書社、二〇〇九年、講演
第Ⅴ章二　子どものいるまちづくりへの夢　ウインズ・風、№65
福岡県人権同和教育協議会、二〇一〇年、講演

第Ⅵ章一　暮らしから見える子どもたち――書きおろし
第Ⅵ章二　都市に暮らす子どもたち――書きおろし
第Ⅵ章三　子ども相談の現場と子ども臨床――書きおろし

おわりに

今年（二〇一四年）の三月末で、ぼくは沖縄大学の教員をやめ自由の身になった。視力も低下し、文字の読み書きも制限しなければならない状況となり、久らくはユックリと身体も心も休めることが必要だと医師からも助言され、自宅の整理などをポツポツと始めることになった。こうした時間をもつこともなかったので、これまで書いたもの、また各地で話したものなどが次々と出てきて、その時々の時代状況や現場の課題などが浮かんできて懐しかったのだが、気が付くとこれまで子どもに関して考え、行動してきたものには一貫した方向性があったことが見えてきた。もっとも早くまとめた横浜の寿町での子どもたちの実態を描いた『裸の原始人たち』（新宿書房、一九七四年）以来、ぼくは暮らしの中の子どもたちと関わり、その現実を書き続けてきたのだなァという実感があった。また教師たちも、生活綴方を通して子どもたちと現実の生活を見つめ、その中からどう生きていったらよいのかを考え続けてきた実践も数多くあったことにも気付かされた。そうした教育実践も、また子どもに密着した臨床学も最近は少なくなってしまったという気がする。全てが学力や進学、就職といった目の前の課題に収斂してしまい、子どもの暮らしはひからびたものになっているという思いがしてならなかった。ぼくの実践は、横浜での教師生活、寿町での生活指導員、児童相談所のケースワーカー、そして全国を歩きつつ共同体の子どもたちと出会ったこと。さらに横浜市立大学で地域の市民や実践家と子どもたちの居場所づくりに奔走したこと。最近の十余年は沖縄で子ども研究会を中心に沖縄の子どもと暮らしについて考えてきた日々であった。沖縄大学では前半の5年間は、児童福祉論を担当し、後半は「こども論」を担当したが、その中で「子どもとは人類にとって何か」という子ども原論の関心が深まったと同時に、子どもとどう関わったらよいのかという「子ども臨床論」又は「子どもソーシャルワーク論」に関心があった。その意味でいつか「子どもソーシャルワーク論」のようなものをまとめたいと考えていて、学苑社の岡山邦夫さんからはその出版のお誘いも受けていたのだが、忙しさにかまけてまとめることができなかった。今回はまだまだ未整理ではあるが、ぼく自身の到達点という形で学苑社さんにお願いしてまとめることができた。講演も多くあるので重複している内容もあるが、その時々の思いもあり、できる限りそのまま収録していただくことにした。いつか、本格的な子どもソーシャルワーク論が生まれ、実践者も増えることを期待している。また現状を考えると、福島を中心とした原発事故、沖縄に集中する辺野古の基地建設と日本の私的利益中心の価値観は、自らの生活基盤を次々とつき崩し、ぼくらのいのちと暮らしを破壊する方向へとつき進んでしまっている。来年は戦後七十年になる。暮らしに根を張り、ジックリと暮らしの文化を耕していく生き方をしたいものだと思っている。人間もまた宇宙の一滴、自然と共に生きていきたい。子どもと共に地域《まち》をつくること、それが、これからの未来をつくることになると信じている。いのちあらばまた他日。

著者紹介

	野本三吉（加藤彰彦）年譜	◎著書　・出来事　（敬称略）
一九四一年	・東京・本所（現墨田区）厩橋にて母トモ子・父義夫の間に生まれる（十一月三十日）	・真珠湾攻撃（十二月） ・第二次世界大戦に突入
一九四四年	・妹・直子誕生（五月）	・学童疎開船「対馬丸」沈没（八月）
一九四五年	・東京大空襲で防空壕に避難中、妹直子が窒息死（三月十日） ・横浜市栄区田谷町に家族三人が身を寄せる（三月）	・沖縄戦、組織的戦闘ほぼ終結（六月） ・ポツダム宣言受諾（八月）
一九四六年	・弟勝彦（まさひこ）誕生（十月）	
一九四八年	・横浜市立豊田小学校田谷分校（現・千秀小学校）に入学（四月）	
一九五一年	・両親と共に家を再建中、仮住まいの物置小屋倒壊	・児童憲章制定（五月五日） ・サンフランシスコ講和条約調印
一九五四年	・父義夫結核のため入院、母親と内職をして家計を助ける ・横浜市立大正中学校入学	・第五福竜丸被爆（三月）

一九五七年	・横浜市立戸塚高校入学（四月）	
一九五八年	・父義夫退院、母トモ子過労のため一年間入院	・沖縄大学設立（六月）
一九五九年		・沖縄・宮森小ジェット機墜落（六月）
一九六〇年	・横浜国立大学学芸学部教育学科入学（四月） ・柔道の練習中後頭部を強打 ・児童文化研究会「伸びる芽の会」結成 ・小学校管理人のアルバイトを始める	・新安保自然承認（六月） ・樺美智子死去（六月）
一九六四年	・横浜国立大学を卒業（三月） ・横浜市立川上小学校に赴任、四年生を担当（四月） ・伊藤忠彦らの「現代子どもセンター」に参加	・東京オリンピック（十月）
一九六六年	・東戸塚小学校に転勤（四月）	
一九六七年		・第三次中東戦争開戦（六月）
一九六八年	・小学校教諭を退職	
一九六九年	・北海道・別海町のヤマギシ会農場や新しき村・一燈園・大倭紫陽花邑・心境部落などの共同体を訪問 ・東京・山谷で日雇い労働生活を経験	・寿地区自治会発足 ◎ぼくは太陽の子どもだった（写真集・青年社）

一九七〇年	・沖縄を再訪（二月） ・日本協同体協会の「月刊キブツ」編集に参加。	◎不可視のコミューン（社会評論社）
一九七一年		◎爆破—人間原型論序説（青林堂）
一九七二年	・市立寿生活館の生活相談員に（四月） ・個人誌「生活者」発刊（五月）	◎いのちの群れ—共生・共死の原像（社会評論社） ・沖縄の日本復帰（五月十五日）
一九七三年	・インド旅行（三月）	・寿町のドヤで火災、四人死亡（十一月）
一九七四年	・長野県出身の岩戸晴美と結婚（二月） ・後頭部を殴られ一週間入院（二月）	・寿第一次越冬闘争（十二月〜） ◎裸足の原始人たち—寿地区の子どもたち（田畑書房・第一回日本ノンフィクション賞受賞作）
一九七五年	・北村皆雄らとインド・シッキム・ブータンへ（一月） ・長男俊輔誕生（一月）	・生活館閉鎖（二月） ・寿日雇労働者組合結成（五月）
一九七六年	・次男祐輔誕生（四月） ・生活館職員有志、二階廊下に机を置いて相談業務再開	・生活館強制排除 ・寿夜間学校開設（十一月）

	・田中正造・藤森栄一の縄文期考古学・高群逸枝「母系制社会」に重大な関心を持つ ・「生活者」五十五号をもってひとたび終刊（十二月）	◎個人誌・生活者―横浜・寿地区からの通信（社会評論社） ◎太陽の自叙伝（小説、柏樹社）
一九七七年	・「読書新聞」「思想の科学」などへ寄稿	◎寿生活館ノート（田畑書店）
一九七九年	・長女道子誕生（五月）	
一九八〇年		・川崎市金属バット撲殺事件（十一月）
一九八一年	・寿生活館、市と寿住民懇談会との間で合意成立し再開 ・東京都立大学Ⅱ部聴講生になり人類学などを学ぶ	・横浜国立大学時代の恩師、伊藤忠彦逝去（八月） ◎戦後児童生活史（協同出版） ◎地域からの教育づくり（筑摩書房） ◎邑が蘇るとき（野草社）
一九八二年	・横浜市南部児童相談所で児童福祉司として勤務 ・和光大学・日本社会事業大学の非常勤講師に	・横浜野宿者連続殺人事件 ◎親とは何か―N子への手紙（筑摩書房） ◎風の自叙伝（新宿書房・増補新版一九八五年）
一九八三年	・ガリ版刷りで「生活者」再刊、五十六～六十七号	◎空にでっかい雲がわく（児童文学、フレーベル館）

一九八五年		・金沢区小五男児飛び降り自殺（二月） ◎二十一世紀のこども教育（対談集・社会評論社）
一九八六年	・母トモ子入院、看病のため父義夫退社	・盛岡市中二自殺「生き地獄」（二月） ◎子どものいる風景（国土社）
一九八七年	・慶應義塾大学大学院社会学研究科（臨床心理学）へ国内留学	
一九八八年	・母トモ子逝去（一月） ・和光大学人間学科で「社会教育論（Ⅱ）」、日本社会実業大学で児童相談所実習生ゼミを担当	
一九八九年	・個人誌「生活者」再開、六十八号～（三月）	・子どもの権利条約採択（十一月）
一九九一年	・横浜市民生局を退職（三月） ・横浜市立大学文理学部人間社会課程の助教授に、社会福祉論・ソーシャルワーク論を担当（四月） ・父義夫入院（六月）	◎現代子ども・若者考（明石書店）

	・「金沢精神保健を考える会（海の会）」発足、代表に（九月）	
一九九二年	・森信三逝去（十一月） ・家族旅行で沖縄を再訪	・海の会「すぺーす海」を開所（四月） ◎風になれ子どもたち―児童ケースワーカー・十年の記録（新宿書房）
一九九三年	・日本社会臨床学会設立総会開催（四月） ・第一回横浜社会臨床研究会開催（五月） ・フリースクール「楠の木学園」開設に参加	
一九九四年	・第二回日本社会臨床学会総会開催（四月） ・父義夫逝去（十二月）	
一九九五年	・金沢虹の会発足（四月） ・横浜市立大学国際文化学部人間学科教授に（四月） ・シンポジウム「つながりをみえるものに」他開催（十二月）	・阪神・淡路大震災（一月） ◎近代日本児童生活史序説（社会評論社）
一九九六年	・町内会役員就任、二期四年間 ・金沢福祉いきいきプラン作成に参画	・金沢虹の会が「フリースペース・虹」を開所

一九九七年	・「金沢の子育てを考える」集会開催（十月）	◎スウェーデンの社会サービス法・LSS法（樹芸書房）
一九九八年	・かなざわ権利擁護相談センター運営委員会委員長に（十月） ・横浜市立大学大学院で講義を担当	・比嘉ハツ逝去 ◎社会福祉事業の歴史（明石書店） ◎福祉における危機管理（有斐閣）
一九九九年	・次男祐輔イギリスへ語学留学（四月） ・高速道路予定地にアパート「街道七番館」を建設、入居第一号は長男俊輔夫婦（十月）	・いきいきセンター金沢開所 ・地域交流グループ「ライフ・ネットワーク千秀」発足 ◎父親になるということ（海竜社） ◎子ども観の戦後史（現代書館）
二〇〇一年	・俊輔・ケレン夫妻に長女・多美誕生（六月） ・岸田哲・出口三平・阿木幸夫と「賑栄い塾」開催（十一月）	・アメリカ同時多発テロ事件（九月） ◎生きる場からの発想（社会評論社） ◎公的扶助の戦後史（岸勇論文集／編著・明石書店）

二〇〇二年	・沖縄大学非常勤講師として沖縄に移住（四月） ・横浜市立大学退職（九月） ・次男祐輔、自由が丘駅北口のラーメン店「無邪気」店長に ・沖縄大学人文学部福祉文化学科で福祉原論・児童福祉を担当（十月） ・教務の合間を縫って沖縄の有人離島を巡る旅へ（「月刊公評」十月号より連載）	◎出会いと別れの原風景—社会福祉ゼミナール十年の記録（新宿書房）
二〇〇三年	・渡眞利源吉（沖縄・児童福祉功労者）へロングインタビュー	・沖縄・北谷町で中二暴行死、同級生逮捕・補導（七月） ◎野本三吉個人誌　生活者　一九七二-二〇〇二（社会評論社）
二〇〇四年	・沖縄大学学生部長に就任（～二〇〇七）	・沖縄国際大学米軍ヘリ墜落（八月） ・沖縄市で児童虐待死（十月） ◎未完の放浪者—魂の通過儀礼（新宿書房）
二〇〇五年		・那覇市内で児童虐待死（六月） ◎おきなわ福祉の旅（ボーダーインク）

二〇〇六年	・第十三回日本社会臨床学会開催（五月）	
二〇〇七年	・沖縄大学人文学部こども文化学科開設、同学科の学科長に（四月） ・沖縄子ども研究会発足（五月）	◎海と島の思想 琉球弧四十五島フィールドノート（現代書館）
二〇〇九年	・児童養護施設「愛隣園」評議員に ・「子どもからのメッセージ」シンポジウム・ワークショップ開催	・沖縄・うるま市で中二男子集団暴行死、中学生五人逮捕（十一月）
二〇一〇年	・子どもを守る文化会議沖縄集会を沖縄大学で開催（三月） ・沖縄大学学長に選ばれ、就任（四月）	◎沖縄・戦後子ども生活史（現代書館） ◎沖縄子ども白書―地域と子どもの「いま」を考える（「沖縄子ども白書」編集委員会編著、ボーダーインク）
二〇一一年	・映画「ひまわり」を成功させる沖縄県民の会・代表に、翌年完成・上映（十一月）	
二〇一二年	・長男俊輔、北鎌倉に「かまくら篆助」開店（十二月）	・国会、子ども・子育て関連三法を可決（八月）
二〇一三年	・沖縄大学学長として再選され、二期目に（三月） ・個人誌「暮らしのノート」発刊（五月）	・沖縄大学、児童養護施設利用者や里子の授業料四年分を免除する奨学生制度を設立（三月）

	・錐体ジストロフィーの診断を受ける（十月） ・退職を決断、辞職願提出。大学理事会が承認（十一月） ・岸田哲・阿木幸夫・出口三平らと「賑栄い（にぎわい）塾.in沖縄」共催（十一月）	
二〇一四年	・沖縄大学人文学部こども文化学科主催で最終講義「生活の思想―野本三吉という生き方」（二月） ・沖縄大学を退職（三月） ・シンポジウム―アジア太平洋戦争と「元朝鮮人BC級戦犯」―を桜井国俊らと開催（七月）	◎生きること、それがぼくの仕事―沖縄・暮らしのノート（社会評論社） ◎命の旅人―野本三吉という生き方（大倉直著・評伝、現代書館）

本年（二〇一四年）三月末で、ぼくは沖縄大学を退職しフリーの身となった。来春には横浜に戻るつもりで、そのための準備中。本年七月より日本労働者協同組合（ワーカーズコープ）連合会センター事業団に参加し、子ども・若者の支援と生活困窮者の仕事づくり、仕事おこしに力を入れたいと思っている。現在は沖縄大学名誉教授。本名は加藤彰彦。現住所は〒901―1117 沖縄県島尻郡南風原町津嘉山六二七―二F

子どもとつくる地域《まち》づくり

2014年11月３日　初版第１刷発行
著　者　野本三吉（加藤彰彦）
発行者　杉本哲也
発行所　株式会社　学苑社
東京都千代田区富士見2-10-2
電　話　03（3263）3817
ＦＡＸ　03（3263）2410
振　替　00100-7-177379
印　刷　藤原印刷株式会社
製　本　株式会社難波製本

ISBN978-4-7614-0767-4
C0037